Forrajeo para principiantes en el Oeste Montañoso

Descubra la despensa de la naturaleza en una región impresionante - Guía de campo sobre alimentos silvestres

Índice

Introducción

El forrajeo (buscar alimentos en la naturaleza) es una habilidad muy olvidada en el mundo moderno, dominado por los supermercados. En *Forrajeo en el Oeste Montañoso para principiantes,* buscamos reavivar ese antiguo conocimiento y mostrarle lo fácil, divertido y delicioso que puede ser forrajear, incluso si nunca ha puesto un pie en la naturaleza. Casi todas las plantas de la región del Oeste Montañoso tienen algún uso culinario o medicinal; sólo hay que saber identificarlas y recolectarlas adecuadamente.

Buscar comida, en sí mismo, es emocionante. En un momento, está paseando por el bosque; al siguiente, está desenterrando una veta madre de arándanos silvestres o divisando un racimo de hongos colmenilla que se asoma por el suelo. Así es como se conecta con la tierra y se descubren las plantas y los sabores que han sustentado a los humanos por milenios. Claro que la naturaleza salvaje puede resultar intimidante, incluso peligrosa, sobre todo para los no iniciados. Por eso aquí nos centramos en que los principiantes salgan a la naturaleza con confianza. No le abrumaremos con jerga científica ni largas listas de nombres en latín que suenan aterradores. Por el contrario, encontrará perfiles de plantas bellamente ilustrados con claros consejos de identificación, métodos éticos de recolección y, por supuesto, recetas fáciles pero sabrosas.

¿Tiene curiosidad por saber cómo distinguir un *matsutake* de un hongo de la muerte? ¿Se ahoga en un mar de hojas verdes y no está seguro de cuáles puede comer? No se preocupe: obtendrá sencillas guías de identificación y técnicas adaptadas a las plantas del Oeste estadounidense. Al final de este libro, sabrá cómo y dónde encontrar bayas silvestres, bellotas y setas comestibles sin temor a cometer un error que ponga en peligro su vida.

Muchas plantas silvestres tienen también las propiedades medicinales más sorprendentes. ¿Sabía que las hojas de milenrama pueden utilizarse para hacer un bálsamo para calmar la piel? ¿O que la cola de caballo puede salvarle literalmente la vida si alguna vez se ve envuelto en una versión real de *A prueba de todo*? Las montañas, los bosques y las praderas del Oeste estadounidense rebosan de plantas gratuitas e increíblemente útiles esperando a que las encuentre, si tan sólo supiera dónde buscar. Abandone la tienda de comestibles y vuelva a conectar con la tierra. Con este libro, la naturaleza salvaje empezará a parecerle mucho menos intimidante y mucho más asombrosa.

Capítulo 1: Forrajeo en el Oeste Montañoso: primeros pasos

¿El Oeste Montañoso? ¿No es sólo un montón de montañas? No podría estar más equivocado. El Oeste Montañoso es una tierra de contrastes; hay mucho más en esta agreste región de lo que parece a simple vista. Para entender realmente lo que es el Oeste Montañoso, imagínese de pie en la base de un imponente pico nevado, con su cumbre dentada atravesando el cielo como los colmillos de una antigua bestia dormida. Es suficiente para hacerle sentir pequeño, pero en el mejor sentido. Estos gigantes han vigilado la tierra durante siglos: sus piedras guardan los secretos de las plantas y criaturas que llaman a este lugar su hogar.

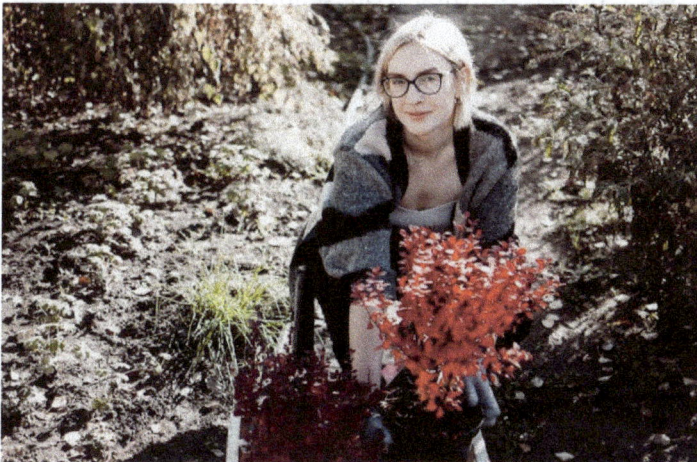

Explore el Oeste Montañoso para forrajear una variada colección de plantas, hongos y mucho más[1]

Descender de esas alturas y adentrarse en los espesos y verdes bosques, casi se siente como un mundo completamente distinto. Las copas de los altos pinos, abetos y álamos filtran la luz del sol, creando esta atmósfera pacífica, casi mística. Si se fija bien, empezará a notar todas esas hermosas plantas y hongos de aspecto misterioso que se esconden entre las raíces y el subsuelo musgoso, esperando al curioso forrajeador... esperándole a usted.

Salpicados por este paisaje natural, también existen los áridos desiertos azotados por el viento, donde la vida ha encontrado la forma de prosperar en las condiciones más inhóspitas. Cañones desiguales y vastas extensiones de tierra baldía dan paso a oasis de exuberante verdor, alimentados por manantiales y acuíferos ocultos. Es una tierra de extremos, donde la línea que separa la desolación de la abundancia es delgadísima. El Oeste Montañoso es un patio de recreo para forrajeadores que promete sorprenderle, encantarle y ponerle a prueba.

Panorama de la abundancia comestible del Oeste Montañoso

¿Alguna vez ha hecho senderismo o acampado en el Oeste Montañoso estadounidense? En ese caso, probablemente se habrá tropezado con todo tipo de comestibles silvestres que crecen a su alrededor. Esta pintoresca región alberga una sorprendente abundancia de alimentos silvestres y naturales que han sustentado a las poblaciones locales durante más años de los que pueda imaginar. Por supuesto, tendrá que saber lo que busca para poder disfrutar con seguridad de las provisiones de la naturaleza. En el Oeste Montañoso, encontrará:

- **Bayas:** Las bayas son frutos pequeños y jugosos que crecen en arbustos bajos o enredaderas. Suelen ser del tamaño de un bocado, con un sabor dulce o ácido. Las bayas de montaña no son una excepción: tienen una gran variedad de colores y sabores. Algunas de las bayas silvestres más comunes que encontrará en el Oeste Montañoso son arándanos rojos, guillomo de Saskatchewan, grosellas espinosas, bayas dedal, gayubas, etc. Estas bayas son una importante fuente de alimento para todas las criaturas, desde osos y ciervos hasta aves y pequeños mamíferos, incluidos los humanos. Sin embargo, hay que tener mucho cuidado al buscar bayas silvestres. Algunas especies parecidas podrían ser venenosas, por lo que una certeza absoluta podría salvarle la vida. La disponibilidad de bayas silvestres en las montañas también varía mucho de un año a otro, dependiendo de factores como las precipitaciones y la temperatura. Algunas estaciones rebosan de bayas, mientras que la cosecha escasea otros años. Eso es parte de lo especial que es encontrarlas.

- **Setas:** Las setas son cuerpos fructíferos carnosos, portadores de esporas de hongos que crecen en el suelo, sobre materia en descomposición o en relaciones simbióticas con las plantas. Algunos de los tipos de setas más comunes y notables de esta región son *porcini*, rebozuelos, colmenillas, hongos langosta, pollo del bosque, etc. Muchas setas de montaña, como los *porcini* y los rebozuelos, tienen una relación especial con los árboles. Unen sus raíces en una asociación mutuamente beneficiosa, intercambiando nutrientes y agua. Otras setas, como las colmenillas y el pollo del bosque, tienen un trabajo diferente. Descomponen la materia vegetal y animal muerta, reciclando esos nutrientes de nuevo en el suelo. Puede imaginarse lo importante que es esta descomposición para la productividad del medio montañoso. La disponibilidad de setas silvestres puede ser bastante impredecible de un año a otro, teniendo en cuenta factores como las precipitaciones, la temperatura e incluso los incendios forestales. Los veranos lluviosos y suaves suelen resultar en una gran cantidad de setas, mientras que la sequía o el calor extremo dan lugar a recolecciones escasas. Para buscar setas silvestres, ser un experto en identificación es absolutamente imprescindible. Muchas especies de setas de montaña tienen dobles extremadamente venenosos. Si come la seta equivocada, se expondrá a una enfermedad grave o incluso a la muerte. Los buscadores de setas experimentados confían en guías de campo, aplicaciones de teléfono y expertos locales en micología para asegurarse de que tienen los hongos correctos. Examinan de cerca detalles como las láminas de la seta, el color de las esporas y la forma del sombrero para confirmar la identificación. El lado positivo es que las setas de montaña no sólo son deliciosas; muchas también tienen impresionantes propiedades medicinales, siempre y cuando se recojan las adecuadas.

- **Frutos secos y semillas:** Uno de los frutos secos más famosos de esta región es la nuez pignolia. También llamados piñones, proceden de varias especies de pinos que se encuentran en las Montañas Rocosas y la cordillera de las Cascadas. Otro fruto seco de montaña digno de mención es la avellana. Aunque no son tan comunes como los piñones, las avellanas silvestres crecen en matorrales y bosques de montaña, especialmente en el noroeste del Pacífico. Más allá de los frutos secos, las montañas también albergan algunas semillas silvestres comestibles. Las semillas de girasol son probablemente las más conocidas. Crecen en las altas plantas de girasol que salpican las praderas, los prados y las laderas de las montañas. Otra semilla silvestre interesante es la de una planta llamada *cleome* de las Montañas Rocosas. Las pequeñas semillas picantes de esta planta eran recolectadas y consumidas por tribus como los Ute y los Pueblo, que también utilizaban las hojas y las flores como alimento y medicina. Naturalmente, hay que tener cuidado al buscar cualquier alimento silvestre, incluidos los frutos secos y las semillas. Algunas variedades que se encuentran en las montañas podrían ser venenosas si las come, e incluso los tipos seguros y comestibles deben recolectarse de forma responsable. Tomar demasiados frutos secos o semillas interferirá con los ecosistemas de montaña y dejará a la fauna salvaje sin una importante fuente de alimento. Un poco de moderación hace mucho a la hora de disfrutar de lo que la naturaleza nos ofrece.

- **Plantas:** En las elevaciones más altas, donde el aire es escaso y las temperaturas son gélidas, encontrará las duras y resistentes plantas del Oeste Montañoso. Plantas como la *castilleja* están especialmente adaptadas para sobrevivir a las duras y ventosas condiciones de la zona alpina. Crecen muy cerca del suelo para conservar el calor y la humedad. A medida que se desciende por las laderas de las montañas, la vida vegetal cambia drásticamente. La pícea de Engelmann, el abeto alpino y el pino de corteza blanca dominan el paisaje de los bosques subalpinos. Abajo, en sus sotobosques sombríos, verá plantas como la gayuba, el *cornus canadensis* y la flor gemela que se las arreglan con la opaca luz solar.

Más abajo en las laderas, los bosques se vuelven más mixtos, con pinos ponderosa, abetos de Douglas y álamos temblones que crecen junto a árboles como el roble de Gambel y el arce de dientes grandes. Los suelos del bosque aquí están alfombrados con todo tipo de exuberantes helechos, coloridas flores silvestres y arbustos de bayas.

Por último, en las elevaciones más bajas, hay praderas de pastizales abiertos y matorrales. Estos hábitats amantes del sol albergan plantas tolerantes a la sequía como la estrella ardiente, la tuna, la *gaillardia*, la *yucca* y la artemisa. Han desarrollado adaptaciones especiales para sobrevivir en los veranos calurosos y secos del Oeste Montañoso. Todas estas plantas de montaña proporcionan alimento y refugio a innumerables animales, ayudan a regular el suelo y los recursos hídricos y están profundamente entretejidas en las tradiciones culturales de los pueblos indígenas de la región. Lamentablemente, hoy en día se enfrentan a grandes desafíos. Los hábitats se destruyen, las especies invasoras se instalan, las sequías empeoran y los incendios forestales arden con más frecuencia y calor.

Todos debemos unirnos para poner de nuestra parte para apreciar y conservar estos lugares especiales. El mero hecho de aprender sobre las plantas que viven allí es un gran comienzo. No son sólo caras bonitas: son la columna vertebral de ecosistemas enteros. Cuando uno las ve como miembros vivos de la comunidad montañosa, cambia la forma de ver e interactuar con estos espacios. Cuanto más haga por salvaguardar estos hábitats, más posibilidades tendrán ellas de vivir en el futuro.

Pícea de Engelmann[2]

Significado histórico del forrajeo

Cualquiera que pase tiempo en las tierras altas del Oeste estadounidense (no tiene por qué ser un forrajeador) puede observar a la gente en los bosques y prados recogiendo bayas cuidadosamente, recolectando frutos secos y semillas o buscando setas. Esta práctica de forrajear en busca de plantas silvestres comestibles tiene profundas raíces en la región. De hecho, ha sido parte integral de la vida de las tribus indígenas del Oeste Montañoso durante miles de años.

Mucho antes de que llegaran los colonos europeos, los pueblos nativos de Colorado, Utah, Montana y otros lugares estaban íntimamente familiarizados con los alimentos silvestres que podían recolectarse de forma sostenible en el entorno natural. Para tribus como los Ute, Arapajó, Shoshoni y Pueblo, el forrajeo era algo más que una forma de poner comida en la mesa: era una tradición cultural sagrada que se transmitía de generación en generación.

Las mujeres de estas tribus eran a menudo las principales recolectoras, desarrollando amplios conocimientos sobre cuándo y dónde encontrar los arándanos más maduros, los guillomos de Saskatchewan más jugosos o las setas más frescas. Algunas plantas silvestres se utilizaban incluso en ceremonias espirituales y medicinas tradicionales. En aquella época, el forrajeo se consideraba un medio para conectar con la tierra y honrar su abundancia.

Lamentablemente, cuando llegaron los colonizadores europeos y expulsaron por la fuerza a los nativos de sus tierras ancestrales, estas antiguas tradiciones de forrajeo casi se perdieron. Al confinar a las tribus en reservas y restringir su acceso a las fuentes tradicionales de alimentos, la profunda conexión entre los montañeses y la generosidad salvaje de su entorno se vio gravemente truncada.

Por suerte para el mundo, los conocimientos y prácticas de los recolectores indígenas de montaña nunca desaparecieron del todo. En las últimas décadas, se ha producido un verdadero resurgimiento del interés por la recolección tradicional de alimentos silvestres en las comunidades indígenas americanas y en el público en general. Este «movimiento de los alimentos silvestres» está impulsado por una creciente concienciación sobre los beneficios de redescubrir las fuentes de alimentos locales y sostenibles en términos medioambientales, económicos y para la salud.

Hoy en día, organizaciones como la Alianza para la Soberanía Alimentaria de los Nativos Americanos (NAFSA, por sus siglas en inglés) trabajan duro para recuperar los conocimientos ancestrales sobre las plantas y ayudar a los miembros de las tribus a recuperar el acceso a los alimentos silvestres de sus tierras natales, cada vez más amenazados. Mientras tanto, los consumidores con conciencia ambiental buscan bayas, frutos secos y setas silvestres como alternativas sanas y éticas a la agricultura industrializada. Cuando el forrajeo se hace de forma sostenible, la recolección selectiva de ciertas plantas puede ayudar a mantener la diversidad y la resistencia de los ecosistemas de montaña. Es un retorno al principio indígena consagrado por el tiempo de vivir en armonía con la tierra en lugar de explotarla.

Consejos prácticos para principiantes

Como forrajeador novato que quiere probar suerte en la recolección de alimentos silvestres en las montañas, es posible que tenga preguntas, se sienta confundido o incluso considere la posibilidad de abandonar y limitarse a conducir hasta el supermercado. Es normal; nadie le está juzgando. Con tantas plantas, setas, bayas y frutos secos diferentes que crecen ahí fuera, ¿cómo saber siquiera qué es seguro comer? Es bueno que esté aquí porque, con la preparación adecuada y un compromiso de aprendizaje responsable, incluso los principiantes como usted pueden salir y volver a casa sanos y salvos con una bolsa llena de comida.

El truco para forrajear con éxito y seguridad es identificar las plantas. Es esencial reconocer con precisión las especies comestibles y, lo que es igual de importante, distinguirlas de las venenosas. Realmente es una cuestión de vida o muerte. Por eso las buenas guías de campo siguen agotándose. Busque una guía regional con ilustraciones y descripciones detalladas de los alimentos silvestres que se encuentran en su zona específica, ya sea Colorado, Montana, Utah o cualquier otro lugar.

Cuando utilice una guía de campo, preste mucha atención a las pequeñas características identificativas de cada planta, como la forma de las hojas, el tipo de flores o frutos que produce, la estructura del tallo y el hábitat donde crece. No se fíe sólo de uno o dos rasgos; cruce múltiples rasgos para lograr una identificación correcta. También es bueno aprender cómo cambian las plantas a lo largo de las estaciones, ya que la misma especie puede tener un aspecto muy diferente en distintas épocas del año.

Además de las pistas visuales, sus otros sentidos también le ayudarán a reconocer las plantas. Pruebe aplastar o apretar las hojas y los tallos para captar el olor, la textura e incluso los sabores sutiles. Tenga mucho cuidado con probar cualquier cosa hasta que esté 100 % seguro de que tiene la planta correcta. Otra habilidad importante es aprender a seguir los patrones estacionales y las épocas de mayor abundancia de los distintos comestibles silvestres de su zona. Comestibles como las bayas, los frutos secos y las setas se desempeñan excepcionalmente bien a ciertas elevaciones y en hábitats específicos, alcanzando su punto óptimo de maduración en diferentes momentos a lo largo del año. Los indicios ambientales (como cuándo empiezan a brotar las hojas o a florecer las plantas) le ayudarán a anticipar dónde y cuándo encontrará sus objetivos de forrajeo.

Naturalmente, también debe ser consciente de las prácticas de recolección responsables y sostenibles. Nunca querrá recoger en exceso ni dañar las poblaciones de plantas silvestres. Un forrajeador sabe que sólo debe tomar lo que necesita, dejar mucho para la fauna salvaje y nunca arrancar plantas enteras. Forrajee con reverencia, paciencia y humildad. Dominar esta habilidad ancestral lleva tiempo y estudio, así que empiece poco a poco, confíe en recursos fiables y recuerde: *más vale pecar de precavido que lamentar no haberlo sido.*

La responsabilidad ética de los forrajeadores de montaña

A medida que más y más gente se entusiasma con la recolección de alimentos silvestres y naturales, debería existir un programa de concienciación para educar al público en la responsabilidad y el cuidado del medio ambiente. Si se hace sin la debida consideración, el forrajeo tiene el potencial de desequilibrar el ecosistema montañoso, pero si lo aborda con respeto e invirtiendo de todo corazón en prácticas sostenibles, podría contribuir a preservar la salud y la biodiversidad de estos preciosos paisajes.

Antes de pensar siquiera en recolectar algo para comer, debe estar seguro de que puede reconocer no sólo las especies comestibles, sino también cualquier planta en peligro de extinción y especies clave vitales para el entorno de montaña. Saltarse este paso crucial de investigación y aprendizaje exhaustivos es un gran no. Aunque una planta silvestre parezca abundante, una recolección excesiva puede agotar en exceso la población local e interrumpir el ciclo que sostiene todo el ecosistema. Un recolector responsable siempre deja la mayor parte de cualquier recurso para la fauna salvaje y los futuros recolectores humanos.

Además, no se trata sólo de cuánto recoge: también importa cómo lo recoge. Arrancar plantas enteras, romper ramas o dejar cicatrices en la corteza de los árboles causará daños duraderos. En su lugar, utilice las herramientas con criterio y recoja sólo las partes específicas que necesite, como hojas, frutos o sombreros de setas, dejando intacta la estructura central.

Más allá de la búsqueda en sí, también debe tener en cuenta de dónde obtiene los alimentos silvestres. Obtener permiso para acceder a tierras privadas, evitar las zonas naturales protegidas y mantenerse alejado de los lugares contaminados son consideraciones necesarias. Pisotear hábitats sensibles o recolectar en exceso en un lugar privará a la fauna salvaje, erosionará la confianza pública y pondrá en peligro el acceso futuro de toda la comunidad de recolectores. Los forrajeadores éticos se ven a sí mismos como administradores y cuidadores de la tierra, no sólo como extractores de su generosidad. Esta actitud se basa en un compromiso continuo e íntimo con los ciclos naturales y en un aprecio genuino por la generosidad de los ecosistemas que le proporcionan sustento.

Los recolectores éticos se ven a sí mismos como administradores y cuidadores de la tierra, no sólo como extractores de su generosidad[8]

Ahora que ya conoce los conceptos básicos del forrajeo en la montaña, puede estar seguro de que le espera un placer. Muy pronto entenderá por qué los forrajeadores dicen que buscar comida es mucho más que llenar la barriga. Se trata de conectar con los ciclos de los ecosistemas de montaña, las tradiciones eternas de los pueblos indígenas y sus propias raíces primigenias como ser humano, y eso es apenas el principio. Después de aprender a recolectar y preparar su cosecha con esmero, su dieta se vuelve notablemente saludable, de origen local y con conciencia ecológica. Los próximos capítulos le familiarizarán con la diversidad de comestibles silvestres que se encuentran en las regiones montañosas del Oeste. Prepárese para el descubrimiento de la naturaleza salvaje que le rodea y de usted mismo como parte de ella.

Capítulo 2: Herramientas, equipo y seguridad en el forrajeo

Forrajear no está exento de riesgos. Antes de empezar a arrancar y meterse cualquier cosa a la boca, va a necesitar las herramientas adecuadas y un protocolo de seguridad. La vida en la naturaleza no es todo diversión y juegos: existen algunos riesgos muy reales si no sabe lo que está haciendo. Confundir una planta tóxica con una comestible podría llevarle al hospital, y perderse en la naturaleza salvaje no es una experiencia que desee tener. En este capítulo, aprenderá todo lo que necesita saber sobre el equipo esencial y las mejores prácticas para forrajear de forma eficiente y, aún más importante, sin terminar en urgencias.

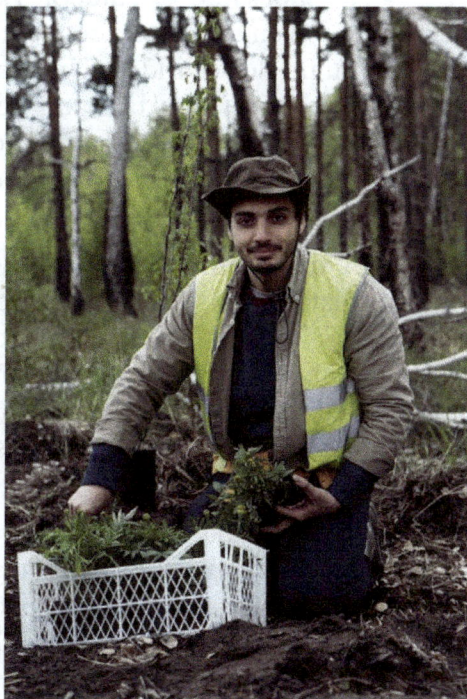

Usted necesita herramientas adecuadas y un protocolo de seguridad para forrajear con seguridad'

La importancia de una preparación adecuada y un forrajeo responsable

- **Su salud y seguridad son lo primero:** Nunca se insistirá lo suficiente en lo fundamental que es aprender todo lo que pueda sobre la identificación de una planta antes de empezar a forrajear. Identificar erróneamente una planta de aspecto tóxico podría terminar en una visita al hospital o algo peor. Esto podría significar náuseas, vómitos y, potencialmente, incluso un fallo orgánico. No es exactamente el «subidón natural» que buscaba, ¿verdad? Dedique tiempo a estudiar guías de campo, asistir a talleres y consultar con expertos locales. Aprenda a reconocer no sólo las partes comestibles, sino también las hojas, los tallos y las flores de la planta. Haga sus deberes y vaya siempre más que seguro.

- **No subestime el equipo:** Ya ha tratado la importancia vital de una identificación precisa de las plantas, pero no olvide su equipo de seguridad. Un cuchillo de campo resistente, una cesta de forrajeo y un botiquín de primeros auxilios pueden hacer la diferencia entre un rato agradable y una ida a urgencias. Invierta en las herramientas adecuadas y sus experiencias de forrajeo serán mucho menos «extremas».

- **El momento oportuno lo es todo:** El valor nutricional y la palatabilidad de los comestibles silvestres fluctuarán drásticamente a lo largo de la temporada. Coseche en el momento equivocado y podría acabar con algo amargo, leñoso o incluso venenoso. Respete los ritmos de la naturaleza e investigue para determinar las ventanas óptimas para recolectar diferentes plantas y hongos.

- **La sostenibilidad es la clave:** Forrajear de forma responsable significa *tomar* sólo lo que necesita y dejar que el resto se regenere. Coja sólo una pequeña porción de las bayas o setas disponibles y siga adelante. Esto garantiza una cosecha abundante durante años, tanto para usted como para la fauna local. Es similar a podar un árbol frutal: se poda lo justo para fomentar un nuevo crecimiento, no se corta hasta el tronco.

- **Respete la tierra y sus guardianes:** La tierra en la que forrajea puede tener un significado cultural, espiritual o histórico para las comunidades indígenas. Proceda con respeto, pise con cuidado e infórmese de cualquier protocolo o normativa local. Después de todo, *usted es un invitado allí,* así que actúe en consecuencia. La madre naturaleza no se toma a bien las faltas de respeto.

Comprender y prepararse para el terreno accidentado

Todo excursionista que haya estado en las Rocosas le dirá que el Oeste Montañoso es un entorno de alto riesgo y alta intensidad. Un minuto, está caminando por un bonito sendero, y al siguiente, está agarrado a la ladera de un acantilado, preguntándose cómo demonios bajará de nuevo.

Los forrajeadores del Oeste Montañoso son los verdaderos amos del paisaje, moviéndose por las cumbres y los valles con gracia y agilidad, pero no se equivoque. Sobrevivir en esta tierra salvaje no es tan fácil como lo pintan. Estas personas son en parte cabras montesas, en parte expertos en zonas salvajes y en parte adictos a la adrenalina. Las laderas son escarpadas y se desmoronan, y el tiempo es tan impredecible que puede pasar de cielos soleados a ventiscas en un instante. Añada el encuentro ocasional con alguna fauna local poco amistosa, y cualquier persona normal preferiría quedarse en casa, pero usted no es normal, ¿verdad? Usted quiere sentir el subidón de ser más astuto que la Madre Naturaleza en su propio juego. Después de todo, ¿qué sentido tiene recorrer uno de los entornos más accidentados e impredecibles del planeta si no puede divertirse un poco con ello?

Para triunfar como forrajeador del Oeste Montañoso, debe tener buenos reflejos, ser agudo como una tachuela y estar dotado del equilibrio de un artista del Cirque du Soleil. He aquí por qué:

- **Conocer el terreno**

  Cuando esté en la montaña, debe saber leer el paisaje como la palma de su mano. Los forrajeadores deben ser capaces de reconocer los puntos de referencia clave, comprender cómo afectarán las pendientes y el terreno a su recorrido e identificar los peligros u obstáculos potenciales a lo largo de su camino. Este trabajo preliminar les ayuda a planificar las rutas más seguras y eficaces, y evitar los problemas.

- **Tener el equipo y las habilidades adecuadas**

  Adentrarse en las montañas requiere algunos conocimientos y equipos especializados. Los forrajeadores necesitan estar entrenados en técnicas como trepar por afloramientos rocosos o escalar laderas nevadas. Disponer del equipo adecuado, como crampones para las zonas heladas o raquetas de nieve para la nieve profunda, podría determinar si logrará volver a casa.

- **Adaptarse a las estaciones**

  En el Oeste Montañoso, el medio ambiente está en constante cambio, con cambios drásticos de una estación a otra. Lo que funciona en el calor del verano puede ser completamente inútil en pleno invierno. Los forrajeadores deben estar preparados para ajustar sus estrategias, refugio y vestimenta a las condiciones del momento. La flexibilidad es necesaria para la supervivencia.

- **Cómo tratar con vecinos salvajes**

  Como forrajeador, en algún momento se topará con animales salvajes y necesitará saber cómo manejar esos encuentros. Los animales se vuelven agresivos si usted manipula su comida, hace movimientos bruscos a su alrededor o se acerca demasiado a sus crías o a su territorio. Debe aprender a identificar las distintas especies, conocer las mejores formas de ahuyentarlos y tener un plan para saber qué hacer si uno de ellos decide atacar.

- **Identificar y gestionar los riesgos**

  El peligro acecha en cada esquina de las montañas. Los forrajeadores necesitan un ojo agudo para detectar posibles amenazas. Eso significa vigilar de cerca el tiempo, comprobar la estabilidad del manto de nieve y estar alerta ante cualquier indicio de animales peligrosos. Evaluar los riesgos con antelación y tomar precauciones inteligentes le permitirá volver a casa sano y salvo.

- **Compartir conocimientos y trabajar juntos**

  Ninguna persona lo sabe todo. Por eso los forrajeadores experimentados comparten su sabiduría duramente adquirida con los recién llegados y por eso los grupos suelen trabajar juntos. Aprovechar este conocimiento colectivo y esta red de apoyo le dará una gran ventaja.

Herramientas esenciales de forrajeo

- **Navaja de bolsillo:** Una buena navaja de bolsillo es su mejor amiga en los bosques salvajes de montaña. Es su herramienta multiusos. Tiene una hoja afilada para cortar y rebanar sus hallazgos, además de prácticos extras como tijeras y destornilladores. Compre una que sea robusta y resistente al óxido, y asegúrese de que es lo suficientemente ligera como para que no le importe llevarla encima todo el día.

Navaja de bolsillo[6]

- **Cesta de forrajeo:** Su bolsa o cesta de forrajeo es donde guardará sus hallazgos. Busque una hecha de materiales resistentes y naturales, como paja tejida o lona. Debe tener una correa o asa cómoda para que sus manos estén libres y pueda seguir buscando. Además, intente encontrar una con diferentes compartimentos: así podrá guardar las bayas separadas de las setas, por ejemplo, y todo se mantendrá fresco.

Cesta de forrajeo[6]

- **Guía de campo:** Antes de salir, lleve una buena guía de campo o descargue una aplicación de identificación de plantas. Serán sus salvavidas, ya que le ayudarán a diferenciar las plantas seguras de las peligrosas. Las guías cubren todas las plantas locales en detalle, con imágenes y descripciones, para que pueda averiguar rápidamente qué es seguro comer. Dedique algún tiempo a aprender a utilizar estos recursos para que, cuando salga al campo, sea capaz de identificar sus hallazgos en el acto.

- **Brújula y mapa:** Una brújula y un mapa son importantes para mantenerse orientado en las montañas. El mapa muestra los senderos, los puntos de referencia y las posibles trampas. Aprenda a utilizarlos juntos para poder encontrar siempre el camino de vuelta. Por protección, plastifique el mapa o métalo en una funda impermeable.

Brújula y mapa[7]

- **Kit de supervivencia:** En la naturaleza, nunca se sabe lo que puede ocurrir. Por eso un kit de supervivencia es indispensable. Empaque lo esencial: un iniciador de fuego, una manta de emergencia, un silbato y suministros de primeros auxilios. Adapte su kit al entorno montañoso que vaya a explorar, y guárdelo en un recipiente impermeable para que todo permanezca seco y listo para usar si lo necesita.

- **Tijeras de podar:** Para las plantas más duras o gruesas, necesitará un buen par de tijeras de podar o una sierra plegable. Elija una con cuchillas afiladas y duraderas que puedan realizar el trabajo sin desgastarse. Si viene con un mecanismo de bloqueo, aún mejor. Mantendrá sus dedos a salvo mientras corta.

Tijeras de podar[8]

- **Botella de agua:** La hidratación es obligatoria cuando sale a forrajear. Lleve una botella de agua que no gotee y combínela con un sistema de filtración de agua. De ese modo, podrá rellenar el agua de los arroyos y ríos y saber que el agua está limpia y es segura para beber.

La seguridad como máxima prioridad

¿Regla número uno?

Nunca (en serio), nunca vaya a forrajear en solitario.

Los riesgos son sencillamente demasiado altos. Necesita una persona de confianza a su lado. Puede que esté recogiendo alegremente nueces silvestres por ahí, y, ¡ZAS, se tuerza el tobillo! Y luego quizá no pueda levantarse, o tropiece accidentalmente con una zona de ortigas mayores. Todo su cuerpo estallaría con furiosas ronchas rojas. Sin un compañero que le ayude, se quedaría tirado. Podría estar varado en medio del bosque por horas o incluso días antes de que alguien finalmente note que ha desaparecido, y para entonces, el resultado no sería demasiado agradable.

Un amigo forrajeador es su póliza de seguro. Puede administrarle primeros auxilios, llamar a los servicios de emergencia si es necesario (esperemos que no), e incluso hacerle compañía para alejar la sensación de miedo que surge en el bosque. Podrá compartir sus hallazgos de forrajeo, intercambiar consejos de identificación y pasar el día juntos. Además, tener un par de ojos y manos adicionales cerca es más seguro.

Lo siguiente en la lista de comprobación de seguridad es equipo, equipo y más equipo. Va a querer hacer la maleta como si se dirigiera a una expedición en plena naturaleza porque, de cierto modo, es exactamente lo que está haciendo. Agua, barritas energéticas, cuerda, linterna... todo lo necesario. Las herramientas de navegación también son imprescindibles. El anticuado mapa y la brújula son estupendos, pero un dispositivo GPS es aún mejor. No querrá ser esa persona que se pierde sin remedio, vagando en círculos hasta que finalmente se desploma de agotamiento.

Hablando de colapsos, un botiquín de primeros auxilios completo es una necesidad. Vendas, antisépticos, analgésicos, antihistamínicos... todo. Nunca se sabe cuándo puede encontrarse con un buen rasguño, una picadura de abeja o incluso una reacción alérgica grave. Mejor tenerlo y no necesitarlo, y por el amor de todas las cosas comestibles, asegúrese de saber exactamente lo que forrajea. Lleve una guía de campo o descargue una aplicación de identificación de plantas.

Esté atento a cualquier posible peligro, como terrenos resbaladizos, insectos furiosos o la temida hiedra venenosa. No querrá estar rascándose y estornudando en su paso por el bosque. Por último, pero no por ello menos importante, comunique a alguien su plan antes de salir. Indíqueles su ruta y su hora prevista de regreso, y dígales que hagan sonar la alarma si no regresa cuando dijo que lo haría. Usted requerirá un grupo de búsqueda, no carteles de persona desaparecida.

Ropa adecuada

Una vestimenta adecuada no es negociable para un viaje de forrajeo seguro y cómodo. Debe asegurarse de que va vestido para los elementos y el terreno que va a explorar.

Empecemos por el suelo: El calzado cerrado es obligatorio. Unas botas de montaña o unas zapatillas resistentes con buena tracción son ideales. Cualquier cosa menos y conseguirá un esguince de tobillo o un corte feo en el pie. ¡Nadie quiere ir cojeando por la naturaleza porque pensó que sería bueno forrajear en chanclas!

Hacia arriba: Los pantalones largos son muy recomendables para proteger sus piernas. Atravesará vegetación espesa, zarzas y quién sabe qué más. La piel expuesta es vulnerable a arañazos, picaduras y a la hiedra venenosa u otros irritantes. Meta la parte baja de los pantalones dentro de sus botas para tener una capa extra de defensa.

Para la parte superior del cuerpo: Opte por las mangas largas. De nuevo, esto le protegerá de arañazos, picaduras de insectos y otras molestias. Los materiales de fibra natural como el algodón o el lino son transpirables y ofrecen una buena cobertura. Aléjese de los tejidos delicados que podrían engancharse o rasgarse fácilmente. Suponga que se dirige a una zona con garrapatas u otros insectos que pican. En ese caso, puede plantearse llevar ropa tratada con permetrina. Este repelente de insectos inodoro e invisible le proporcionará una capa extra de defensa contra los insectos, especialmente de variedades portadoras de enfermedades.

¡No olvide la protección solar! Un sombrero de ala ancha y unas gafas de sol con filtro UV mantendrán el sol alejado de sus ojos y evitarán las quemaduras solares. También es muy aconsejable untarse un poco de protector solar con factor de protección elevado (nada menor a SPF 30), sobre todo si va a estar fuera en busca comida por largas horas.

Por su bien, vístase de forma que proteja su cuerpo de los muchos peligros que puede encontrarse mientras busca comida. Puede que no sea el look más a la moda, pero lo agradecerá cuando salga ileso del bosque.

Equipo adicional

- **Guantes:** Los guantes son posiblemente una de las piezas más importantes del equipo de un forrajeador. Sus manos desnudas pueden arañarse, cortarse o exponerse a sustancias irritantes con facilidad. Los guantes las mantienen protegidas, para que pueda hurgar sin pensarlo demasiado. También le permiten examinar realmente las plantas y los hongos que desea forrajear. Puede sujetar y observar de cerca las hojas, los tallos y otros detalles sin dañar accidentalmente los especímenes delicados. La atención al detalle es clave para asegurarse de identificar las cosas correctamente. Hay diferentes guantes que funcionan muy bien para forrajear. Los guantes de trabajo transpirables con buen agarre son una elección popular. Algunas personas prefieren guantes más finos y ágiles con la misma protección. Para buscar setas, los guantes resistentes a los cortes son una elección inteligente. Busque un equilibrio entre destreza, durabilidad y cobertura según su necesidad.

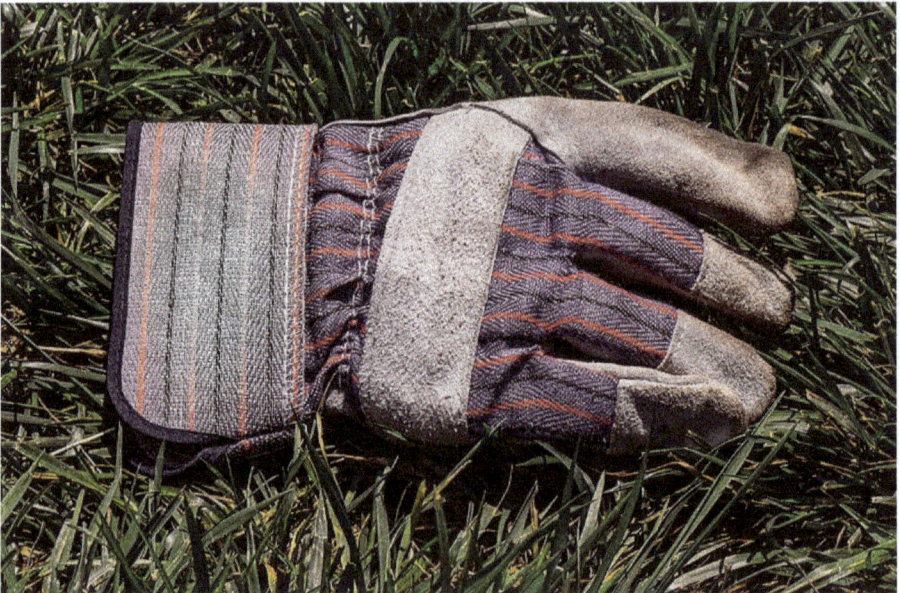

Utilice guantes para forrajear con seguridad[9]

- **Lupa:** Con una buena lupa, podrá escudriñar los patrones de las hojas, las estructuras del tallo, los colores de las esporas y otras características clave de identificación que podrían ser difíciles de notar a simple vista. Las guías de forrajeo y los libros de campo son estupendos, pero contar con ampliación visual añadida es aún mejor. Compre una con suficiente potencia de aumento. Se recomienda al menos 10 aumentos para una identificación fiable.

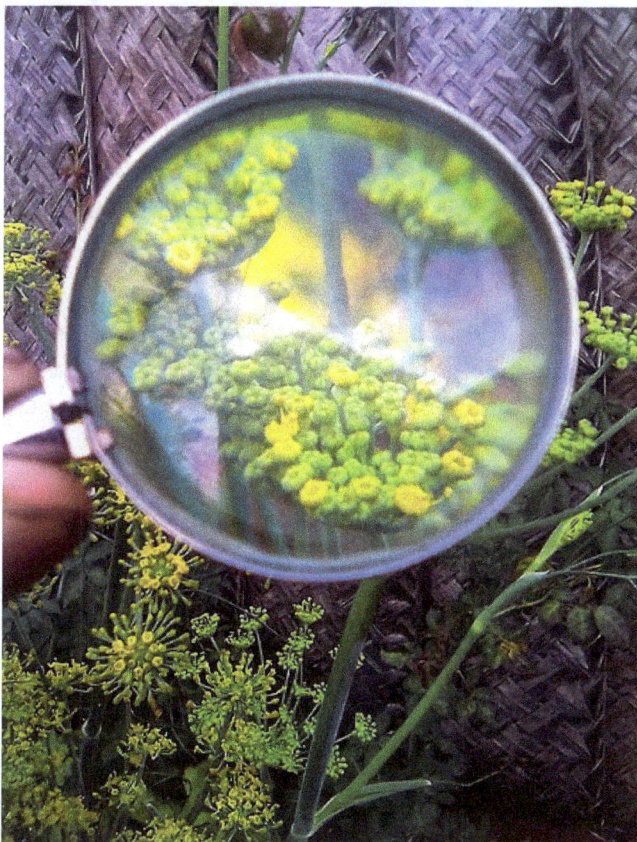

Lupa[10]

- **Contenedores:** Existen varias opciones para los recolectores. Las cestas de malla son estupendas para hallazgos delicados como setas, bayas y hojas. Su diseño transpirable ayuda a evitar la asfixia y permite la circulación del aire. Una bolsa de papel o una caja de cartón pueden ser su mejor opción para algo un poco más duro, como raíces, frutos secos o frutas. Protegerán su botín de ser aplastado al tiempo que dejan espacio para una circulación de aire adecuada. Consejo extra: lleve una pequeña nevera o bolsa aislante para mantener las cosas frías, sobre todo si recolecta artículos perecederos como setas o verduras. Lo último con lo que querrá lidiar es con un desastre viscoso y marchito al llegar a casa.

Consejos para el mantenimiento y cuidado de las herramientas

- **Limpiar sus herramientas**

  Cuando termine de forrajear, limpie todas las herramientas. Utilice un cepillo duro y un poco de jabón suave y agua para eliminar cualquier resto de suciedad, trozos de plantas u otra mugre que se haya acumulado. Séquelas completamente cuando termine para evitar la oxidación.

- **Afilar sus cuchillas**

  Las cuchillas desafiladas son lo peor; hacen que forrajear sea mucho más difícil de lo que tiene que ser. Hágase con una buena piedra de afilar o lima y aprenda a utilizarla correctamente. Compre una con superficies de grano grueso y fino. Use el lado más grueso para perfilar rápidamente la hoja y devolverle el filo. A continuación, use el lado fino para afinarla y pulirla hasta que esté afiladísima. La técnica de afilado adecuada requiere el ángulo correcto. Para la mayoría de los cuchillos de forrajeo, suele ser entre 20 y 30 grados. Si no está seguro, utilice una guía de afilado. Esto le garantizará que esté afilando la hoja y no desgastándola accidentalmente.

  Mientras afila, concéntrese en utilizar una presión consistente y suave. Empuje suavemente la hoja a lo largo de la piedra en ese mismo ángulo, evitando ejercer demasiada fuerza. Hacerlo sólo acabará dañando el filo. Perfeccione el filo con una varilla de acero lisa. Esto refinará y alineará aún más esa superficie de corte, haciéndola lo más precisa y afilada posible.

- **Prevenir la oxidación**

  La humedad es el enemigo de toda herramienta de metal. Evite el óxido secando bien todas sus herramientas después de usarlas y aplicando una ligera capa de aceite mineral apto para uso alimentario o de spray antioxidante. Si va a almacenarlas durante mucho tiempo, envuelva las piezas metálicas en papel sin ácido o coloque paquetes de gel de sílice cerca.

- **Cuidar el mango de madera**

  Para las herramientas con mangos de madera, frótelos con un aceite apto para uso alimentario, como el aceite de linaza, tung o nogal. Esto acondiciona la madera para evitar que se seque y se agriete, y ayuda a garantizar un agarre seguro. *¡No utilice aceites vegetales porque se ponen rancios!*

- **Piezas móviles**

  Las herramientas con bisagras, resortes y otras piezas móviles requieren un cuidado extra. Deben limpiarse, lubricarse y revisarse con regularidad. Utilice un cepillo duro para barrer la suciedad y los residuos de los mecanismos. A continuación, aplique una o dos gotas de aceite ligero para máquinas para conseguir un movimiento suave.

  Después de cada limpieza y engrase, haga una rápida prueba de funcionamiento. Asegúrese de que las bisagras abren y cierran con facilidad y de que los resortes ofrecen la tensión adecuada. Si algo se siente atascado o suelto, resuélvalo de inmediato antes de que se convierta en un problema mayor.

- **Inspección periódica**

  Detecte los problemas antes de que le pillen a usted. Antes y después de cada salida de forrajeo, es conveniente que revise a fondo sus herramientas. Busque cualquier mella, grieta o signo de desgaste, especialmente en las zonas de mayor tensión, como donde la hoja se une al mango. Si encuentra algo que empieza a estropearse, es hora de reparar o sustituir esa pieza. No tiene sentido arriesgar la vida y la integridad física por un equipo deficiente.

- **Sustituir las piezas desgastadas**

  Aunque usted proteja al máximo sus herramientas al limpiar, afilar y cuidar meticulosamente su equipo, con el tiempo, las cosas se desgastan. Es el curso natural. Las piezas y materiales sólo pueden soportar un cierto abuso en el campo. Permanezca atento a cualquier signo de desgaste. Los resortes desgastados pueden no rebotar, los tornillos pueden haberse aflojado, los mangos pueden estar agrietados o astillados y las hojas pueden no mantener el filo. Todos estos son indicadores de que es hora de empezar a buscar algunas piezas de repuesto. Las piezas genéricas y baratas pueden parecer una ganga en el momento, pero es probable que se desgasten incluso más rápido que las originales. Consiga piezas de recambio adecuadas para su marca y modelo específicos, y no tema gastar un poco más para obtener durabilidad y fiabilidad. Entre más pronto cambie los componentes desgastados, más pronto podrá salir con una herramienta confiable.

A fin de cuentas, cuidar de sus herramientas es sólo la mitad de la batalla. Como forrajeador responsable, está obligado a cuidar la tierra y los recursos que extrae. Eso significa siempre atenerse al principio de no dejar rastro. Desempaque todo lo que empaque, muévase con cuidado y no intente nada que pueda dañar o perturbar el entorno natural. Lleve *sólo lo que necesite* y NO coseche en exceso. Las distintas regiones tienen normas diferentes para garantizar la sostenibilidad a largo plazo del forrajeo. Siga esas directrices no sólo por motivos legales, sino porque es lo más responsable que puede hacer.

Capítulo 3: Forrajeo estacional en el Oeste Montañoso

El Oeste Montañoso cambia con las estaciones y el calendario, y el menú de la naturaleza cambia con él. En primavera, los primeros signos de vida despiertan tras el invierno. Flores y arbustos salen de debajo de la tierra para alegrar los prados. El verano trae un derroche de verdor por donde se mire. Las laderas de las montañas se envuelven en espesos bosques y los valles se cubren de flores silvestres. Los arroyos y ríos crecen con el deshielo, y las abejas, mariposas y otros polinizadores pican afanosamente de flor en flor, asegurándose de que todas las plantas produzcan sus semillas y bayas. Al llegar el otoño, el ciclo vuelve a cambiar.

El Oeste Montañoso cambia con las estaciones y el calendario, y el menú de la naturaleza cambia con él[11]

Las hojas adquieren tonalidades brillantes antes de caer al suelo, devolviendo sus nutrientes a la tierra. Las hierbas y las flores vuelcan su energía hacia el interior, y el ritmo de la vida se ralentiza a medida que los animales se preparan para el frío. Es invierno de nuevo, una estación más tranquila e introspectiva, un tiempo de letargo antes de que el ciclo comience de nuevo. Independientemente de las circunstancias, el recolector se mueve en armonía con la tierra, leyendo los ciclos de la naturaleza y conectando con la rueda siempre giratoria de las estaciones. Siempre hay algo que encontrar, algo que cosechar y algo que apreciar, pero sólo para los despiertos, los sabios y los pacientes.

Primavera

La primavera trae una dramática transformación al Oeste Montañoso. Durante meses, la región ha estado cubierta por una gruesa capa de nieve, con árboles desnudos y plantas inactivas hasta donde alcanza la vista, pero a medida que el tiempo se calienta, todo eso empieza a cambiar. La nieve se derrite gradualmente, revelando el terreno accidentado y rocoso que define esta parte del país. Los enormes picos de las montañas que antes eran completamente blancos empiezan a mostrar de nuevo sus verdaderos colores, con manchas grises, marrones y naranjas que se asoman entre la nieve que retrocede. Abajo, en los valles, la nieve derretida revela la tierra y el suelo que hay debajo, preparándose para el regreso de la vida vegetal, y es entonces cuando las cosas se ponen realmente interesantes.

La artemisa es una de las primeras plantas que reaparecerá. Sus características hojas verde-plateadas reaparecen, señalando la llegada de la primavera. Poco después, otras plantas comienzan a abrirse paso a través del suelo descongelado, más que felices de aprovechar el calentamiento de las temperaturas y el aumento de la luz solar.

Verá algunas verduras y hortalizas silvestres comestibles en las elevaciones más bajas y en los valles. La verdolaga de cuba es una de ellas. Reaparece en primavera, extendiéndose por el suelo del bosque en hermosas manchas verdes. El diente de león también hace su aparición, junto con las grosellas, la pamplina y las cebollas silvestres.

Si se adentra en las zonas más boscosas, puede tener la suerte de ver otro favorito de la primavera: la seta colmenilla. Estos hongos emergen cuando la nieve se derrite en las zonas más elevadas, apareciendo normalmente en racimos alrededor de las bases de los árboles. Las colmenillas tienen un característico sombrero en forma de panal y un sabor terroso inconfundible que encanta a los buscadores de setas y a los cocineros.

Obviamente, el regreso de la vida vegetal no es el único signo de la primavera en el Oeste Montañoso. A medida que la nieve se derrite, los arroyos y ríos que serpentean por los valles comienzan a fluir de nuevo. Después de haber estado congelados durante meses, el agua clara y fría se precipita y cae sobre los lechos rocosos. La reactivación de estos canales trae de vuelta a la fauna salvaje que se había visto obligada a buscar refugio en lo más profundo de los bosques durante los duros meses de invierno. Se verán ciervos mulos y carneros cimarrones pastando en el nuevo crecimiento, y animales más pequeños como las picas y las ardillas terrestres también saldrán de sus madrigueras, correteando en busca de comida y luz solar. En lo alto, los cielos vuelven a llenarse con los sonidos de los pájaros que regresan de sus hogares invernales. Pájaros cantores como el azulejo de las montañas y la reinita coronada se lanzan de árbol en árbol, cantando. Incluso las aves rapaces, como las águilas reales, salen de su escondite para elevarse por encima de los picos de las montañas en busca de presas. Es primavera y el mundo vuelve a la vida.

Consejos para forrajear en primavera

- La temporada primaveral de forrajeo en el Oeste Montañoso se extiende normalmente de abril a junio, con el punto álgido en mayo.

- La elevación es importante. Las elevaciones más bajas tendrán primaveras más tempranas, mientras que las zonas de montaña más altas pueden seguir teniendo nieve hasta bien entrado mayo o junio.

- Esté atento a los osos, pumas y otros animales salvajes que pueden estar activos en primavera.

- Las mañanas suelen ser el mejor momento para ir a forrajear en primavera, entre las 8 y las 11 de la mañana, aproximadamente. Las plantas están más frescas y el tiempo es más suave.

- Vístase en capas y lleve ropa para la lluvia y protección solar. La temperatura oscila mucho entre el día y la noche.

- Tómeselo con calma con las plantas de primavera frágiles o de crecimiento lento que podrían no recuperarse bien de una cosecha intensa. Buenos ejemplos son las cebollas silvestres, la *Lewisia rediviva*, las fresas silvestres y las colmenillas.

- Respire hondo y déjese guiar por la nariz. Muchos comestibles silvestres tienen un olor primaveral característico cuando están frescos. Si algo huele sospechosamente bien, podría merecer la pena investigarlo.

- Fíjese dónde se alimentan los pájaros, los insectos y otros animales. Son expertos en encontrar las plantas más frescas de la primavera.

- No olvide mirar hacia arriba. Algunos de los mejores forrajes primaverales pueden encontrarse en los árboles.

Verano

Los largos y templados días de la primavera dan paso gradualmente al calor y la abundancia del verano. La nieve que cubrió la región durante tantos meses se ha derretido por completo, revelando el terreno en todo su esplendor. La transición al verano es un proceso gradual, pero usted sabe que está aquí porque hay una explosión de plantas y vida.

El primer signo de este cambio es la floración de las aguileñas. Verá las variedades púrpura, blanca o rosa de esta flor brotando por todas las laderas de las montañas. Inmediatamente después, los prados de las montañas se vuelven más coloridos que nunca a medida que flores como castilleja, girasoles y rosas silvestres se extienden por todo el suelo del bosque. Para los forrajeadores, ésta es una época de abundancia, ya que ahora hay mucho más que encontrar con el crecimiento de las plantas silvestres y las bayas. Los arándanos rojos, las frambuesas y las fresas silvestres son algunas de las primeras en madurar.

El verano también trae muchas setas silvestres para los que tienen un poco más de experiencia en el forrajeo. Los rebozuelos crecen bajo la hojarasca en las zonas frescas y sombreadas del bosque. También pueden verse *porcini* y gírgolas cerca de los troncos en descomposición.

Subiendo más hacia las montañas, las praderas fastuosas dan paso a las plantas resistentes y de bajo crecimiento de la tundra alpina. Aquí la tierra es áspera y rala. Encontrará driadas de ocho pétalos, bistorta vivípara, silene musgo y otras plantas especialmente adaptadas al sol intenso, los fuertes vientos y las cortas temporadas de crecimiento. Por aquí también corren arroyos y ríos que bajan de la nieve derretida de las alturas.

Más arriba de las montañas, *pasada la zona alpina*, las plantas desaparecen casi por completo, dejando tras de sí roca desnuda, grava y restos glaciares. Esta zona pertenece a las verdaderas plantas alpinas, como la nomeolvides alpina y *Hymenoxys grandiflora*, que de algún modo consiguen aferrarse a la vida en las escarpadas y expuestas laderas de las montañas.

Hymenoxys grandiflora[19]

Consejos para forrajear en verano

- Las mejores horas para ir a forrajear en verano son las mañanas, normalmente entre las 6 y las 10 de la mañana.

- Algunas plantas pueden esfumarse por completo o retroceder con el calor: es posible que tenga que ajustar lo que busca.

- En la tarde después de la puesta de sol, cuando se siente más fresco, también es un buen momento para forrajear.

- Lleve mucha agua y vista ropa ligera y transpirable para mantenerse hidratado y cómodo con el calor.

- Algunas plantas de verano, como diente de león, cenizo, ortiga mayor y verdolaga común, pueden tener un sabor más amargo o desagradable a medida que avanza la temporada.

- Los animales son grandes indicadores de lo que está maduro y listo para cosechar.

- Conozca las setas comestibles que fructifican en abundancia tras las fuertes lluvias estivales.

- Compruebe las laderas orientadas al sur y los claros soleados porque suelen tener la mayor concentración de bayas de verano y plantas con flores.

Otoño

A medida que el verano llega a su fin y el tiempo se vuelve más fresco, el Oeste Montañoso entra en la estación otoñal. Los días se acortan y ya se puede sentir el cambio en el aire: una frescura que no existía hace sólo unas semanas. Uno de los cambios más notables es el color del paisaje. Los álamos temblones de las laderas de las montañas se vuelven de un hermoso amarillo dorado, y las coníferas de hoja perenne como los pinos y los abetos permanecen verdes: un contraste con los cambiantes árboles caducifolios.

Con el cambio de estación también llega un cambio en la cosecha disponible. En lo alto del bosque, los árboles que producen frutos secos, como pinos, abetos y píceas, dejan caer sus piñones comestibles, mientras que más abajo, los robles desprenden bellotas.

Para los buscadores de setas, el otoño es una época especialmente emocionante. Mientras que los días de verano pueden haber llegado con una gran variedad de hongos, los *porcini* salen a relucir en otoño. Las encontrará creciendo en la base de los árboles o en las zonas húmedas y sombreadas del bosque. Las bayas de temporada tardía, como las cerezas de Virginia y las grosellas, también están disponibles durante esta estación.

Las temperaturas siguen bajando y la fauna comienza sus preparativos para el próximo invierno. Alces y ciervos se reúnen en grandes manadas para pastar en los prados altos, engordando antes de que llegue la nieve. Las ardillas rayadas y otros tipos de ardillas hacen todo lo posible por llenar sus madrigueras para los largos meses que se avecinan. Incluso las aves notan el cambio de estación, y muchas especies se dirigen hacia el sur en busca de zonas más cálidas. Las aves de presa, como los halcones y los gavilanes, cazan los últimos pequeños animales antes de su propia migración. Una vez llenos de actividad estival, los cielos se vuelven más silenciosos a medida que los pájaros cantores se marchan y las aves rapaces desaparecen.

Consejos para forrajear en otoño

- Busque los frutos de otoño, los frutos secos y las semillas antes de que los pequeños animales o los elementos lleguen primero a ellos.

- Las tardes suaves y soleadas suelen ser el mejor momento para forrajear en otoño.

- Las mañanas tempranas son buenas cuando las plantas aún se aferran al rocío o escarcha nocturnos.

- Los lugares más elevados experimentarán temperaturas más frías y heladas más tempranas que los valles más bajos, así que planifique en consecuencia.

- Intente cosechar las verduras y hierbas sensibles antes de que las primeras heladas hagan que se marchiten.

- No coja más de lo que necesite. Deje mucho para la fauna local.

- Tenga en cuenta que las horas de luz se acortan y planifique sus salidas para no llegar demasiado tarde.

- Pruebe comer partes de plantas otoñales en las que normalmente no pensaría, como escaramujos, rizomas de espadaña o agujas de pino.

Invierno

Cuando los primeros copos de nieve descienden del cielo, el Oeste Montañoso se convierte en un mundo blanco. Los antaño coloridos valles y laderas ahora se envuelven en una gruesa capa de nieve inmaculada. Ahora es un lugar muy diferente. Buscar comida esta temporada es definitivamente más complicado que las tres últimas. Con gran parte del terreno ahora enterrado bajo el blanco helado, muchas de las plantas comestibles se vuelven inaccesibles, fuera de alcance. Sin embargo, el forrajeador ingenioso comprende que la vida está en todas partes, incluso cuando no lo parece.

Abajo, en los valles y las elevaciones más bajas, la nieve no suele llegar hasta finales de otoño, por lo que en estas zonas aún quedan bolsas de vegetación verde que sobreviven al frío. Si se fija bien, es posible que vea asomarse por la nieve hojas de berro de invierno, acedera, pamplina y, curiosamente, verdolaga de cuba: una fuente muy apreciada de verduras frescas cuando lo demás parece haber desaparecido.

Muchos animales pasan todo el año recogiendo y guardando nueces para pasar los meses más fríos, pero algunos animales son más demorados que otros. Recolectan sus nueces durante el invierno o simplemente rebuscan en el suelo lo que encuentran. Esto significa dos cosas para el recolector: hay nueces en invierno y puede encontrarlas. Todo lo que tiene que hacer es encontrar los árboles adecuados y no mirar hacia arriba: baje la mirada y empiece a excavar. Por ejemplo, las piñas de pino caídas y los frutos secos son más fáciles de encontrar con el telón de fondo de la nieve blanca. Simplemente siga las huellas de los pequeños animales en la nieve, puesto que ya han trabajado duro para encontrar los mejores lugares de forrajeo para usted.

En el caso de las bayas, la escarcha y la nieve ayudan a acelerar el proceso de maduración y, al mismo tiempo, ese tiempo frío actúa como conservante natural, manteniéndolas frescas más tiempo del que durarían de otro modo. A pesar de las inclemencias del tiempo, aún puede encontrar arándanos, arándanos rojos, arándanos encarnados e incluso algunas frambuesas de temporada tardía. El invierno puede parecer muerto y estéril, pero no se irá a casa con las manos vacías si es observador y paciente.

Aún puede encontrar bayas para forrajear en invierno, a pesar de las inclemencias del tiempo[18]

Consejos para forrajear en invierno

- Dirija sus esfuerzos hacia plantas de hoja perenne que aún estén verdes y accesibles, como agujas de pino, puntas de pícea o bayas de enebro.

- Las plantas resistentes y de raíces profundas, como la bardana y el tupinambo, pueden desenterrarse incluso cuando el suelo está helado.

- Busque señales de animales como huellas, líneas de búsqueda o excrementos para obtener pistas sobre los alimentos silvestres que encuentran los animales.

- Vístase con capas cálidas e impermeables y tenga cuidado al pisar terrenos helados.

- Inspeccione la parte inferior de los troncos y ramas caídos en busca de signos de gírgolas y otros hongos tolerantes al frío.

- En lugar de buscar plantas sobre el suelo, excave en la nieve para ver qué hay disponible. Podría haber raíces, vegetales o corteza comestible.

- Formar equipo con recolectores locales experimentados no es una mala idea.

- Las zonas cercanas a las fuentes de agua pueden tener menos nieve y plantas más accesibles.

Capítulo 4: Plantas silvestres comestibles de la región del Oeste Montañoso

Este capítulo le presentará una selección de las plantas silvestres más fácilmente reconocibles y seguras para el consumo que se encuentran en el Oeste Montañoso, junto con sus características, hábitats, beneficios nutricionales y algunos extras. *Como siempre, asegúrese de identificar positivamente cada planta antes de dar un bocado, y evite cualquier cosa que parezca mínimamente sospechosa.*

En caso de duda, lo mejor es alejarse.

Dicho esto, he aquí algunas de las plantas silvestres del Oeste Montañoso.

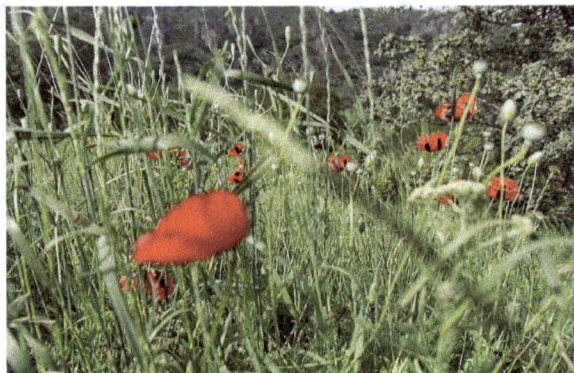

Hay varias plantas silvestres que puede encontrar en el Oeste Montañoso[14]

Verdes y brotes

Hoja de diente de león

Diente de león verde[15]

- **Características distintivas:** Las hojas del diente de león común *(Taraxacum officinale)* tienen un tamaño y una forma muy variables, desde un par de centímetros hasta casi 30 cm de largo, pero a menudo están distintivamente lobuladas con «dientes» dentados y orientados hacia atrás.

- **Hábitats preferidos:** El diente de león crece en césped, campos y áreas alteradas de todo el Oeste Montañoso.

- **Matices estacionales:** Las hojas de diente de león crecen en casi cualquier época del año, pero son más comunes en primavera. Las hojas jóvenes son más tiernas y tienen el mejor sabor, pero sigue mereciendo la pena recolectar las hojas más grandes y viejas porque aguantan mejor la cocción.

- **Beneficios nutricionales:** Las verduras de diente de león contienen vitaminas A, C y K, hierro, calcio, potasio y fibra.

- **Consejos de identificación:** Las hojas del diente de león crecen en una roseta basal directamente desde el suelo, sin tallo visible.

Tienen un aspecto muy desigual, lobulado, como dientes a lo largo de los bordes de las hojas (de donde la planta obtiene su nombre botánico, *Taraxacum*, que significa «trastornos de los dientes» en griego). Las «flores» del diente de león son en realidad inflorescencias, que contienen de 12 a 25 «pétalos» en forma de tira que forman una floración esférica. Éstos se convierten más tarde en los característicos «aquenios» del diente de león, racimos esféricos de pelusa portadora de semillas.

- **Posibles parecidos/contrapartes venenosas:** Los dientes de león no tienen semejantes tóxicos, pero otras especies comunes (y comestibles) de la familia del girasol, como la achicoria silvestre o la roseta (a menudo llamada falso diente de león), son lo bastante parecidas como para causar confusión. Busque plantas con tallos floridos: los dientes de león tienen tallos huecos, no ramificados, que exudan una savia lechosa.

Ortiga mayor (*Urtica dioica*)

Ortigas[16]

- **Características distintivas:** La ortiga mayor (*Urtica dioica*) es una hierba perenne de gran tamaño con tallos cuadrados que alcanzan hasta dos metros de altura y hojas aserradas en forma de lágrima cubiertas de diminutos pelos urticantes. Las hojas miden de tres a seis pulgadas de largo y están dispuestas de forma opuesta en los tallos, y las discretas flores de la planta emergen de las axilas de las hojas en largos racimos parecidos al amento.

- **Hábitats preferidos:** La ortiga mayor prefiere los suelos húmedos y fértiles y suele encontrarse a lo largo de las orillas de los arroyos y en pastos y tierras agrícolas abandonadas.

- **Matices estacionales:** Las hojas de ortiga mayor deben recolectarse lo antes posible, ya que se vuelven progresivamente más duras y punzantes, sobre todo después de la floración, que suele comenzar en mayo y dura hasta principios de otoño. Tenga mucho cuidado al cosechar, ya que los pelos urticantes están presentes incluso en plantas muy jóvenes, y utilice guantes al manipular los materiales vegetales.

- **Beneficios nutricionales:** Las ortigas son una gran fuente de vitaminas A, C y K. También contienen hierro, calcio y magnesio.

- **Consejos de identificación:** Busque las hojas toscamente dentadas (se parecen un poco a las hojas de la menta) y utilice una lupa para localizar los pelos urticantes. Busque también los tallos cuadrados y rojizos de las plantas y sus discretas flores blancas o verdes.

- **Posibles parecidos/contrapartes venenosas:** La falsa ortiga (*Boehmeria cylindriaca*) se parece a la ortiga y crece en hábitats similares, pero sus hojas carecen de pelos urticantes. No es venenosa, pero no se suele comer (salvo por error).

Pamplina

Pamplina[17]

- **Características distintivas:** La pamplina (*Stellaria media*) es una planta anual de bajo crecimiento y, a menudo, una de las primeras plantas en emerger en primavera. Sus tallos rastreros son vagamente cuadrangulares y tienen una distintiva línea de pelos que recorre un solo lado. Tiene hojas pequeñas, en forma de lágrima, dispuestas de forma opuesta en el tallo. Las flores blancas, que emergen de las axilas de las hojas, son aproximadamente tan grandes alrededor como la goma de un lápiz y tienen cinco pétalos profundamente dentados que podrían parecer diez a primera vista.

- **Hábitats preferidos:** La pamplina, como muchas malezas anuales, se desarrolla mejor en suelos fértiles con abundante agua y luz solar. Suele encontrarse en lugares bajos donde se acumula agua, especialmente hábitats artificiales como césped, zanjas de drenaje o cunetas.

- **Matices estacionales:** La pamplina suele emerger muy pronto en primavera; en los climas más templados, a menudo germina en otoño y pasa el invierno, para adelantarse a la competencia. Suele ser más abundante en primavera, con un segundo brote en otoño en algunos lugares, y puede cosecharse en cualquier momento en que esté disponible.

- **Beneficios nutricionales:** La pamplina es una buena fuente de vitaminas A y C, y es sorprendentemente rica en proteínas para ser una verdura de hoja verde. Al igual que otras verduras de hoja verde (espinacas y col rizada, entre otras), la pamplina también contiene saponinas, sustancias químicas que pueden ser ligeramente tóxicas en grandes cantidades, pero que se eliminan en su mayor parte durante el proceso de cocción.

- **Consejos de identificación:** La pamplina tiene hojas pequeñas en forma de pica (como el palo de naipes) que crecen en pares opuestos a lo largo de los tallos, que tienen dos rasgos distintivos: una línea de pelos cortos a lo largo de un lado y un «núcleo» en forma de hilo que se puede ver si se separa un tallo.

La pimpinela escarlata (*Anagallis arvensis*) es una especie tóxica parecida a la pamplina: tiene tallos rastreros, hojas opuestas y crece en hábitats similares[18]

- **Posibles parecidas/contrapartes venenosas:** El aspecto y el hábito de crecimiento de la pamplina no son especialmente distintivos sin flores, y puede ser fácil para los principiantes confundirla con otras plantas anuales rastreras, como la tóxica pimpinela escarlata *(Anagallis arvensis)*, que tiene un aspecto similar y suele encontrarse en hábitats parecidos.

Verdolaga común (*Portulaca oleracea*)

Verdolaga común (*Portulaca oleracea*)[19]

- **Características distintivas:** La verdolaga común (*Portulaca oleracea*) es una planta anual de verano, suculenta y de bajo crecimiento. Sus tallos carnosos, a menudo rojizos, irradian de una raíz pivotante central y se arrastran por el suelo formando grandes grupos o cúmulos; sus hojas opuestas, en forma de cuchara, apenas miden media pulgada de largo y, al igual que los tallos, son claramente carnosas. Las pequeñas flores amarillas tienen cinco pétalos y suelen cerrarse por la tarde para conservar el agua.

- **Hábitats preferidos:** La verdolaga común es una especialista de los suelos secos y alterados, ¡y a menudo se la ve crecer exuberantemente en las grietas del pavimento! Como especie autóctona, a veces puede encontrarse en zonas silvestres, pero es mucho más común cerca de las viviendas humanas.

- **Matices estacionales:** La verdolaga común se encuentra en su punto álgido de crecimiento y productividad a mediados o finales del verano, normalmente de junio a agosto. Intente cosechar antes de que la planta eche semillas, ya que empieza a marchitarse poco después.

- **Beneficios nutricionales:** La verdolaga es sorprendentemente rica en nutrientes: vitaminas A y C, potasio, magnesio, hierro y calcio. También es una buena fuente de ácidos grasos omega-3.

- **Consejos de identificación:** Las hojas y tallos suculentos de la verdolaga son característicos. Las pequeñas flores amarillas tienen cinco pétalos dentados y forma de copa cuando están abiertas.

La lechosilla (*Euphorbia maculata*) puede confundirse con la verdolaga común, pero sus tallos sangran una savia blanca lechosa (a menudo, aunque no siempre): el signo de una planta tóxica[20]

- **Posibles parecidos/contrapartes venenosas:** La lechosilla (*Euphorbia maculata*) es una maleza anual común que puede parecer similar a la verdolaga por su hábito de crecimiento en forma de estera y sus tallos rojos. Como la mayoría de euforbias, es tóxica para los humanos, pero se distingue fácilmente por su aspecto más frágil (no es suculenta como la verdolaga) y la savia blanca lechosa que exuda de los tallos u hojas rotos.

Cenizo (*Chenopodium album*)

Cenizo (*Chenopodium album*)[31]

- **Características distintivas:** El cenizo (*Chenopodium album*) es una hierba anual con hojas lanceoladas o en forma de diamante, de dos a tres pulgadas de largo y algo más de la mitad de ancho, que se parecen un poco a la pata de un ganso. Las hojas, sobre todo las superiores (las más jóvenes), suelen estar cubiertas de finos pelos que parecen polvo blanco. Las flores son discretas y se polinizan por el viento, crecen en racimos en los extremos de los tallos.

- **Hábitats preferidos:** El cenizo crece prácticamente en cualquier lugar, pero es más abundante en suelos fértiles y alterados, desde bordes de carreteras y terrenos baldíos hasta granjas y obras de construcción.

- **Matices estacionales:** Las hojas del cenizo pueden recolectarse durante toda la primavera y principios del verano. Son tiernas y carnosas cuando son jóvenes, con un sabor y una textura parecidos a los de las espinacas, pero se vuelven fibrosas a medida que envejecen, por lo que sólo hay que cosechar las hojas más jóvenes. En verano, los botones florales pueden cocinarse y comerse enteros como el brócoli, mientras que las semillas pueden cosecharse en otoño y comerse como la quinoa (que está estrechamente relacionada).

- **Beneficios nutricionales:** El cenizo es una gran fuente de vitaminas A, C y K, y las hojas son sorprendentemente ricas en proteínas. Las semillas también están repletas de proteínas, pero hay que descascarillarlas para quitarles la cubierta papilosa de las semillas, que contiene saponinas amargas.

- **Consejos de identificación:** El gran tamaño y el hábito de crecimiento en expansión del cenizo es probablemente lo primero que le llamará la atención. Mire más de cerca y se fijará en las hojas, de forma lanceolada cerca de la parte superior de la planta y más romboidal por debajo, así como en el recubrimiento polvoriento de las hojas superiores. Los tallos desarrollan a menudo venas rojizas, y pueden volverse completamente rojos en ambientes muy soleados.

La *Physalis hederifolia* es común en occidente, y a veces puede parecer similar al cenizo. Sus frutos son comestibles si se cocinan, pero las hojas son tóxicas[22]

- **Posibles semejantes/contrapartes venenosas:** El huazontle (*Chenopodium berlandieri*) es una especie nativa estrechamente emparentada con el cenizo común, y tan parecida que resulta indistinguible. También es comestible, y ambas pueden utilizarse indistintamente. Las plantas jóvenes de cenizo pueden parecerse a algunas solanáceas como la uchuva (*Physalis* spp.), pero las hojas de las solanáceas son lisas, no dentadas, y no tienen el aspecto «polvoriento» del cenizo; también producen flores verdaderas con cinco pétalos, mientras que las flores del cenizo carecen de pétalos y son poco llamativas.

Verdolaga de Cuba (*Claytonia perfoliata*)

Verdolaga de Cuba (*Claytonia perfoliata*)[38]

- **Características distintivas:** La verdolaga de Cuba (*Claytonia perfoliata*) es una planta anual suculenta de bajo crecimiento que empieza a crecer ya en diciembre o enero y desaparece a principios de verano. Sus hojas se presentan en dos variedades: primero, una roseta de hojas redondeadas en forma de cuchara con **pecíolos** (tallos de las hojas) muy largos, y más tarde unas inusuales hojas **caulinares** o de tallo que crecen alrededor de todo el tallo. Las pequeñas flores blancas o rosas surgen a mediados o finales de la primavera.

- **Hábitats preferidos:** A la verdolaga de Cuba le gusta la sombra, y es común encontrarla en los bordes de los bosques, las orillas de los arroyos y las comunidades de chaparral o artemisa recientemente quemadas.

- **Matices estacionales:** El punto álgido de crecimiento de la verdolaga de Cuba es a finales del invierno, cuando las lluvias torrenciales le permiten sobrevivir en entornos que estarán secos hasta los huesos más adelante en el año. También es el mejor momento para cosecharla, ya que las plantas adquieren un sabor agrio tras la floración.

- **Beneficios nutricionales:** La verdolaga de Cuba es rica en vitaminas A, C y complejo B, así como en calcio, hierro y fósforo.

- **Consejos de identificación:** Las hojas redondeadas crecen en formación de roseta cerca del suelo y recuerdan un poco a la verdolaga (*Portulaca oleracea*), una especie emparentada. Los tallos o pecíolos son muy largos, y más adelante en el año se tiñen de rojo en sus bases.

- **Posibles parecidos/contrapartes venenosas:** Las hojas suculentas de la verdolaga de Cuba (tanto en roseta como las caulinares) aparecen mucho antes que la mayoría de las demás plantas, y tienen un aspecto tan inusual que resultan inconfundibles. La belleza siberiana de primavera (*Claytonia sibirica*) es algo similar, pero carece de las inusuales hojas caulinares y tiene todas sus flores de color rosa. También es comestible, aunque su sabor no es tan bueno como el de la verdolaga de Cuba.

Berro de agua (*Nasturtium officinale*)

Berro de agua (*Nasturtium officinale*)[34]

- **Características distintivas:** El berro de agua (*Nasturtium officinale*) es una hierba semiacuática perenne con tallos huecos que pueden alcanzar hasta un metro de largo o más y flotar en la superficie del agua en movimiento. Las hojas son compuestas, con 3, 5, 7 o 9 foliolos y una longitud total de dos a cinco pulgadas. Las pequeñas flores blancas de cuatro pétalos crecen en racimos desde la parte superior de la planta.

- **Hábitats preferidos:** El berro de agua se encuentra siempre cerca del agua, con mayor frecuencia en las orillas de ríos, estanques o lagos donde crece parcialmente sumergido en los bajíos. Menos comúnmente, puede encontrarse en los bordes de rezumaderos y manantiales donde el agua subterránea emerge del lecho rocoso, proporcionando una fuente perenne de agua.

- **Matices estacionales:** El berro de agua crece más o menos todo el año en función del clima, y en muchos lugares puede encontrarse durante todo el invierno. Puede cosecharse en cualquier época del año, pero a veces se vuelve amargo tras la floración en verano.

- **Beneficios nutricionales:** El berro de agua es rico en vitaminas A, C y K.

- **Consejos de identificación:** El berro de agua pertenece a la misma familia que la mostaza y la col (Brassicaceae), pero a diferencia de estas plantas tiene hojas compuestas. Los tallos son aún más inusuales, y bastante distintivos: son huecos, lo que les permite flotar en la superficie del agua. Las flores blancas en forma de cruz son más típicas de otras plantas de la familia, al igual que su sabor picante.

- **Posibles parecidos/contrapartes venenosas:** Varias plantas de la familia de la mostaza tienen hojas parecidas, especialmente la hierba de la pimienta (*Lepidium*). Aunque todas las plantas de la familia de la col son comestibles, la mayoría prefiere hábitats más secos y ninguna tiene los tallos huecos del berro de agua.

Ajenabe (*Brassica nigra*)

Ajenabe (*Brassica nigra*)[26]

- **Características distintivas:** El ajenabe (*Brassica nigra*), también conocida como mostaza negra, es una maleza común pariente de la col silvestre (*Brassica oleracea*). Sus hojas inferiores, que pueden alcanzar hasta 30 cm de largo, son escasamente vellosas, de forma muy variable pero generalmente más anchas cerca del centro y profundamente lobuladas (a veces tan profundamente que parecen compuestas). Las hojas del tallo son de forma similar pero generalmente más pequeñas. Las flores emergen de las puntas de los tallos, que a menudo están muy ramificados; son amarillas, de cuatro pétalos y en forma de cruz, parecidas a las de muchas plantas de la familia de las coles. Los frutos, delgadas vainas de semillas llamadas **silicuas**, se parecen un poco a las judías, pero apuntan hacia arriba en lugar de colgar hacia abajo.

- **Hábitats preferidos:** El ajenabe crece profusamente en hábitats alterados como antiguos pastos, zonas recientemente quemadas e incluso terrenos baldíos. En algunas partes del Oeste se ha convertido en una planta muy invasora, ¡así que esta es una planta en la que no se aplica la regla de la cosecha sostenible!

- **Matices estacionales:** Las hojas del ajenabe son mejores antes de que la planta florezca a finales de la primavera, y las hojas más pequeñas suelen tener mejor textura. La semilla madura en otoño y puede cosecharse durante todo el otoño y el invierno.

- **Beneficios nutricionales:** Las hojas de ajenabe tienen un alto contenido en vitaminas A, C y K. Como la mayoría de las especies de la familia de la col, también son ricas en glucosinolatos, compuestos complejos que dan a las hojas su sabor picante.

- **Consejos de identificación:** Las hojas basales del ajenabe son pecioladas (tienen tallos visibles) y pueden llegar a medir casi 30 cm de largo; las superficies superiores de las hojas más viejas son a menudo erizadas o peludas. Los tallos a menudo se ramifican profusamente en las puntas y, a diferencia de la mayoría de los parecidos comunes, las hojas caulinares no sujetan el tallo.

- **Posibles parecidos/contrapartes venenosas:** Los únicos parecidos reales del ajenabe son todas las especies emparentadas de la familia de las coles: la mostaza de campo (_Brassica rapa_) y la mostaza castaña (_Brassica juncea_) son las más comunes en el Oeste. La primera tiene hojas pinnadas; la segunda produce ramas floridas a lo largo del tallo, en lugar de sólo en la parte superior.

Ajo-cebolla (_Allium cernuum_)

Ajo-cebolla (_Allium cernuum_)[36]

- **Características distintivas:** El ajo-cebolla (_Allium cernuum_) es una planta perenne de la familia de las liliáceas, con hojas largas y estrechas y unos característicos tallos florales con forma de umbela coronados por pequeñas flores rosas o blancas. Toda la planta tiene un fuerte olor a ajo o cebolla que es bastante característico.

- **Hábitats preferidos:** El ajo-cebolla prefiere los suelos húmedos, pero por lo demás está ampliamente distribuida, siendo más común en bosques abiertos y riberas de arroyos.

- **Matices estacionales:** El ajo-cebolla puede cosecharse en cualquier época del año; los bulbos se recolectan mejor de plantas grandes y establecidas, en otoño, antes de que las partes superiores marchiten.

- **Beneficios nutricionales:** El ajo-cebolla tiene un alto contenido en vitaminas A, C y complejo B.

- **Consejos de identificación:** Las flores caídas o cabeceantes son características; antes de la floración, las plantas se identifican mejor por el olor.

Posibles parecidos/contrapartes venenosas: Muchas especies de *Allium* se parecen al ajo-cebolla; cualquier especie con un fuerte olor a ajo/cebolla es comestible. El ajo-cebolla puede distinguirse fácilmente por sus flores inclinadas, cuando están disponibles. Algunas especies tóxicas de la familia de las liliáceas tienen un follaje que puede parecer similar a los forrajeadores principiantes; la mejor manera de evitarlas es simplemente evitar cualquier planta que tenga un fuerte olor a ajo o cebolla.

Flores

Capuchinas

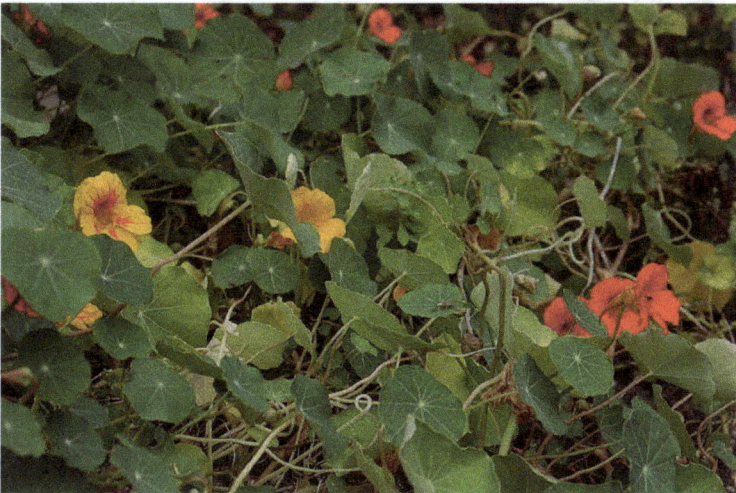

Capuchinas[7]

51

- **Características distintivas:** La capuchina (*Tropaeolum majus*) es una planta anual rastrera o enredadera con hojas grandes y redondas y flores en forma de embudo de color amarillo, naranja, rojo y rosa.

- **Hábitats preferidos:** Las capuchinas prefieren los suelos húmedos, pero crecen bien en ambientes poco húmedos y más difíciles. Colonizarán alegremente zonas alteradas, como jardines, bordes de caminos y senderos, aunque sólo persisten en climas templados.

- **Matices estacionales:** Las capuchinas emergen tras la última helada y florecen a mediados del verano, extinguiéndose a finales del otoño. Tanto las hojas como las flores son comestibles en cualquier época del año, pero las hojas jóvenes son las mejores y las plantas cultivadas en lugares más soleados o cálidos suelen tener un sabor más picante.

- **Beneficios nutricionales:** Las capuchinas contienen glucosinolatos, un compuesto al que se atribuyen efectos anticancerígenos.

- **Consejos de identificación:** Las hojas de la capuchina son brillantes, cerosas y verdes, con venas más claras y un punto pálido en el centro. Sus flores se parecen un poco a las petunias o las violetas, con cinco pétalos asimétricos: dos arriba, tres abajo. Toda la planta tiene también un fuerte olor a mostaza.

- **Posibles parecidas/contrapartes venenosas:** La centella de agua (*Hydrocotyle* spp.) tiene hojas que pueden parecer casi idénticas a las de la capuchina, pero la planta produce racimos de flores blancas y esféricas en lugar de grandes floraciones individuales. La centella de agua rara vez se encuentra lejos del agua estancada, por lo que no suele compartir hábitat con las capuchinas.

Violetas

Violetas[38]

- **Características distintivas:** Las violetas son hierbas perennes de bajo crecimiento con hojas en forma de corazón y flores de cinco pétalos en tonos púrpura, azul, blanco y amarillo. Las flores suelen tener alrededor de una pulgada de diámetro y las plantas tienen un patrón de crecimiento bajo y extendido, alcanzando sólo de 6 a 12 pulgadas de altura.

- **Hábitats preferidos:** Las violetas prefieren los ambientes con rocío y sombra. Esto incluye sotobosques boscosos, bordes de bosques y a lo largo de los bordes de arroyos.

- **Matices estacionales:** Las violetas son plantas de clima fresco cuyas flores rebosan en primavera y a principios de verano. Sin embargo, a medida que las temperaturas se calientan, la planta entra en letargo hasta la siguiente temporada de crecimiento.

- **Beneficios nutricionales:** Las violetas contienen una buena cantidad de antioxidantes, sobre todo antocianinas. Aunque no es la flor más densa en minerales, contiene trazas de calcio, hierro e incluso un poco de proteínas.

- **Consejos de identificación:** Las violetas crecen bajas respecto al suelo, normalmente con menos de 30 cm de altura. Las hojas en forma de corazón son de color verde oscuro y brillantes, a menudo con tallos o pecíolos muy largos. Las flores son características, con dos pétalos por encima y tres por debajo; van del casi blanco al púrpura intenso.

- **Posibles parecidas/contrapartes venenosas:** Aunque las violetas en flor son prácticamente inconfundibles, sus hojas pueden confundirse con algunas otras especies, como la hiedra terrestre, la hierba del ajo y la celidonia menor. Las hojas de la hiedra terrestre y la hierba del ajo tienen un fuerte aroma (la hiedra terrestre huele a alcanfor, la hierba del ajo huele a ajo) y ambas son comestibles. La celidonia menor es tóxica si se come cruda, y puede ser difícil distinguirla de las violetas antes de que salgan sus flores de color amarillo brillante, así que en caso de duda, espere a que florezcan.

Pensamientos

Pensamientos[89]

- **Características distintivas:** Los pensamientos son plantas herbáceas de bajo crecimiento que alcanzan de 15 a 30 cm de altura. Su característica más famosa son las flores de múltiples pétalos. Cada flor de pensamiento tiene cinco pétalos fusionados, creando un aspecto ligeramente ondulado, parecido a una cara. Los pétalos tienen un espectro de tonos sólidos, que incluyen púrpura, azul, amarillo y blanco, e incluso combinaciones bicolores y tricolores de los anteriores.

- **Hábitats preferidos:** A los pensamientos les gustan los suelos con buen drenaje, ricos en nutrientes y ligeramente ácidos. La zona debe ser fresca y húmeda, o pasarán apuros y empezarán a marchitarse.

- **Matices estacionales:** Como plantas de clima fresco, los pensamientos disfrutan de las estaciones más suaves de primavera y otoño porque pueden dirigir su energía a producir muchas de sus flores de múltiples pétalos. La exposición a un clima caluroso y seco en verano provoca un descenso en el número de flores que producen, y las existentes se marchitarán o tendrán un aspecto descolorido.

- **Beneficios nutricionales:** Los pensamientos contienen pequeñas cantidades de hierro, calcio y magnesio, pero son muy ricos en vitaminas C y A.

- **Consejos de identificación:** Los pensamientos son bastante fáciles de identificar, incluso para los novatos en el reconocimiento de plantas. Al igual que las violetas (técnicamente *son* violetas), tienen flores con cinco pétalos –dos arriba, tres abajo– unidos en la base y casi planos en la sección transversal.

- **Posibles parecidos/contrapartes venenosas:** Es poco probable que confunda los pensamientos con cualquier otra planta, aunque las plantas menos vistosas pueden parecer similares a las violetas.

Flores de diente de león

Flor de diente de león[80]

- **Características distintivas:** Como todas las plantas de la familia del girasol (*Asteraceae*), las «flores» del diente de león se componen de docenas de flósculos individuales amarillos. A diferencia de las margaritas y los girasoles, los dientes de león carecen de flósculos en forma de disco en el centro, sino que están formados únicamente por flósculos radiales.

- **Hábitats preferidos:** El diente de león es una de las plantas más resistentes y adaptables que existen. Aunque crecen mejor en suelos húmedos y fértiles, también colonizan habitualmente suelos pobres o secos. Sin embargo, están estrechamente asociados con los seres humanos y suelen encontrarse creciendo abundantemente en hábitats modificados por el hombre o cerca de ellos.

- **Matices estacionales:** Las flores del diente de león florecen casi todo el año, limitadas únicamente por las precipitaciones y las temperaturas cálidas. Sin embargo, son más prolíficas en primavera, donde sus flores duran más que en el calor del verano.

- **Beneficios nutricionales:** Las flores de diente de león contienen compuestos diuréticos, fibra, prebióticos, vitamina A y vitamina C.

- **Consejos de identificación:** Las brillantes flores amarillas de los dientes de león pueden resultar llamativas, pero asegúrese de examinar las plantas de cerca: si son verdaderos dientes de león, sus hojas estarán profundamente lobuladas y dispuestas en roseta, con un único tallo floral en el centro. Los tallos de los dientes de león son huecos, no ramificados (un tallo, una flor) y destilan una savia blanca y lechosa cuando se rompen.

- **Posibles parecidos/contrapartes venenosas:** Aunque ninguna planta tóxica se parece al diente de león, es fácil confundirlo con muchas plantas estrechamente emparentadas de la familia del girasol, como la vellosilla, la roseta y la achicoria. En lugar de intentar aprender docenas de posibles dobles, recuerde simplemente que los verdaderos dientes de león (y *sólo* los dientes de león) tienen tallos florales huecos que no se ramifican.

Girasoles

Girasoles (*Helianthus annus*)[31]

- **Características distintivas:** Los girasoles (*Helianthus annuus*) son grandes plantas anuales con flores compuestas de 2-3 pulgadas de diámetro. Las flores constan de un disco central rodeado de «pétalos» de color amarillo vivo que en realidad son flores individuales.

- **Hábitats preferidos:** Los girasoles son especies adaptadas a las perturbaciones y a menudo *irruptivas*, lo que significa que pueden ser extraordinariamente abundantes en un lugar un año, pero producir pocas plantas o ninguna al año siguiente.

- **Matices estacionales:** Los girasoles surgen a finales de la primavera y florecen en verano, produciendo semillas que maduran a finales del verano o principios del otoño. A medida que las semillas maduran, las plantas se marchitan y mueren desde el suelo hacia arriba.

- **Beneficios nutricionales:** Los girasoles tienen cantidades concentradas de vitamina E y del mineral selenio.

- **Consejos de identificación:** Los tallos de color verde brillante suelen ser bastante peludos, al igual que las hojas en forma de corazón. Cuando la inflorescencia empiece a desarrollarse, busque las brácteas verdes en forma de pétalo que rodean el capullo. Una vez que la planta florece, no hay forma de confundir las gigantescas flores.

- **Posibles parecidos/contrapartes venenosas:** Muchas plantas de la familia del girasol tienen inflorescencias que se parecen a los girasoles, pero casi siempre son mucho más pequeñas y la mayoría tienen centros amarillos o verdes en lugar del disco marrón del girasol. No se conoce ninguna especie de la familia que sea tóxica.

Rosa de Woods (*Rosa woodsii*)

Rosa de Woods (*Rosa woodsii*)[33]

- **Características distintivas:** Las rosas de Woods (*Rosa woodsii*) son plantas perennes arbustivas con tallos espinosos y grandes flores rosas de cinco pétalos. Las hojas compuestas tienen cinco o siete foliolos, cada uno de ellos fuertemente aserrado y de unos dos centímetros de largo.

- **Hábitats preferidos:** Las rosas de Woods son extremadamente adaptables y se encuentran en toda la región, creciendo en praderas y bosques abiertos, bordes de caminos y pastos, e incluso en el sotobosque de los bosques de montaña.

- **Matices estacionales:** Las rosas de Woods florecen generalmente a finales de la primavera o principios del verano, y los escaramujos maduran a finales del verano o en otoño.

- **Beneficios nutricionales:** Las rosas de Woods son excepcionalmente ricas en vitamina C, ácidos grasos omega-3 y omega-6 beneficiosos y pequeñas cantidades de vitaminas del grupo B, cobre y manganeso.

- **Consejos de identificación:** Las rosas de Woods tienen hojas compuestas, lo que significa que cada hoja está formada por varios foliolos más pequeños dispuestos en forma pinnada a lo largo del tallo. Los foliolos deben ser ovales u oblongos, con bordes dentados. La flor debe tener cinco pétalos con un racimo de estambres amarillos en el centro a modo de alfiletero.

- **Posibles parecidos/contrapartes venenosas:** Las rosas de Woods tienen pocos parecidos, especialmente en flor. Las únicas plantas que se parecen remotamente a las rosas de Woods son las zarzas (como las moras y las frambuesas), que también tienen tallos espinosos y grandes flores de cinco pétalos. Sin embargo, suelen ser más pequeñas que las flores de las rosas de Woods y se convierten en bayas en lugar de escaramujos. Un «impostor» con el que hay que tener cuidado es la rosa vagabunda (*Rosa multiflora*): es una rosa verdadera, pero se trata de una especie exótica que se ha convertido en una invasora grave, formando matorrales impenetrables y ahogando a las plantas nativas por donde pasa.

Saúco azul (*Sambucus cerulea*)

Saúco azul (*Sambucus cerulea*)[55]

- **Características distintivas:** El saúco azul (*Sambucus cerulea*) es un arbusto o un árbol pequeño con hojas compuestas opuestas, cada una con 5, 7 o 9 foliolos dentados. Al igual que el saúco europeo (*Sambucus nigra*), estrechamente emparentado, el saúco azul se identifica fácilmente en primavera por sus vistosas flores blancas, que nacen en grandes racimos de copa plana y maduran en bayas de color azul cielo en verano o a principios de otoño.

- **Hábitats preferidos:** Los saúcos son especies de sucesión temprana en muchos ecosistemas forestales del Oeste, lo que significa que crecen abundantemente en claros de bosque y zonas recientemente alteradas. También es común encontrarlos a lo largo de los arroyos, a menudo en asociación con el álamo temblón (*Populus tremuloides*).

- **Matices estacionales:** En el Oeste Montañoso, el saúco azul florece desde finales de mayo hasta julio. Las bayas se recolectan mejor al final del verano, normalmente a mediados de agosto o principios de septiembre.

- **Beneficios nutricionales:** Las flores de saúco son ricas en vitaminas A y C, así como en antioxidantes y flavonoides que pueden mejorar el funcionamiento del sistema inmunológico. Sin embargo, tanto las flores como las bayas deben cocinarse bien antes de consumirlas, ya que pueden resultar tóxicas si se comen crudas en grandes cantidades.

- **Consejos de identificación:** Las hojas del saúco azul son compuestas y están dispuestas de forma opuesta, y los foliolos tienen los márgenes dentados; se trata de una combinación de rasgos bastante rara y puede ayudar a identificar la planta. Los racimos florales del saúco son ramificados y de cima plana, los tallos ramificados a menudo se vuelven rojos a medida que se desarrollan los frutos. Las bayas parecen de color azul claro debido a una capa polvorienta que puede frotarse para revelar un brillante color púrpura o negro debajo.

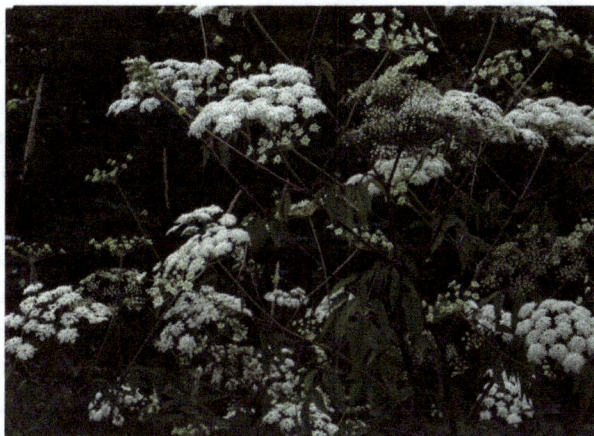

Cicuta de agua[44]

- **Posibles parecidos/contrapartes venenosas:** El saúco negro o europeo *(Sambucus nigra)* es menos común en occidente que el saúco azul, pero las dos especies están estrechamente emparentadas y se utilizan de las mismas formas. La mejor forma de reconocer el saúco negro es por sus bayas negras. La cicuta virosa (*Cicuta* spp.) son plantas muy tóxicas que también crecen cerca del agua, y son superficialmente muy parecidas al saúco azul, hasta en las hojas compuestas y las flores blancas. A pesar de las apariencias, no están en absoluto relacionada: las hojas de la cicuta virosa son alternas, no opuestas, y las plantas no son leñosas, y marchitan cada invierno.

Cebollino

Cebollino[85]

- **Características distintivas:** El cebollino (*Allium schoenoprasum*) está estrechamente emparentado con la cebolla silvestre y tiene hojas largas y estrechas que pueden alcanzar más de 30 cm de longitud. Las flores son de un característico color púrpura pálido o rosa, y nacen en racimos espigados parecidos a pompones.

- **Hábitats preferidos:** El cebollino crece en ambientes frescos y húmedos, a menudo en suelos delgados y rocosos. En estado silvestre, suelen encontrarse a lo largo de riberas de arroyos con grava o incluso brotando directamente del lecho rocoso. Sin embargo, también han escapado con frecuencia al cultivo en granjas o jardines, por lo que a menudo se encuentran lejos de sus hábitats normales.

- **Matices estacionales:** El cebollino puede cosecharse desde la primavera hasta principios de otoño, cuando las plantas marchitan.

- **Beneficios nutricionales:** El cebollino es una rica fuente de antioxidantes y contiene vitaminas A, C y K.

- **Consejos de identificación:** Las hojas del cebollino son más estrechas y redondeadas que las de la mayoría de las especies emparentadas, y sujetan los tallos florales a medida que emergen. Las inflorescencias rosadas son bastante distintivas, tanto por su color como por su forma espigada: la mayoría de las cebollas silvestres *(Allium* spp.) tienen capítulos más sueltos y abiertos.

- **Posibles parecidos/contrapartes venenosas:** Las cebollas silvestres pueden parecer similares al cebollino, tanto en apariencia como en olor; se distinguen por sus hojas, que son más planas y (ligeramente) más anchas, así como por sus flores, que forman racimos abiertos en lugar de los «pompones» compactos que produce el cebollino.

Adelfilla (*Chamaenerion angustifolium*)

Adelfilla (*Chamaenerion angustifolium*)[56]

- **Características distintivas:** La adelfilla (*Chamaenerion angustifolium*) tiende a colonizar rápidamente las zonas alteradas, especialmente después de un incendio forestal. Es una planta inconfundible, que crece hasta dos metros de altura o más, con hojas distintivas en forma de lanza. Enormes espigas de color lila magenta surgen a finales del verano, floreciendo de abajo arriba. Las flores maduran en largas y delgadas vainas de semillas que se abren en otoño, liberando cientos de semillas vellosas que flotan en el viento por kilómetros.

- **Hábitats preferidos:** Encontrará adelfilla creciendo en zonas abiertas y perturbadas, lugares que han sido recientemente talados, quemados o despejados de otra forma. Le encantan los suelos ricos en nutrientes y bien drenados de los prados de montaña, los bordes de los bosques y las orillas de los arroyos.

- **Matices estacionales:** La adelfilla florece desde mediados de verano hasta principios de otoño. Las flores maduran en frutos largos y delgados, que se abren para liberar cientos de semillas, cada una con un mechón de pelos largos en un extremo que actúa como «paracaídas» para ayudar a la dispersión por los vientos otoñales.

- **Beneficios nutricionales:** Los brotes jóvenes, las hojas y las flores son comestibles y tienen un alto contenido en vitamina A, vitamina C, calcio y hierro. Las hojas maduras pueden fermentarse ligeramente para hacer un té similar al té negro, conocido en Rusia como Iván Chai.

- **Consejos de identificación:** La adelfilla impresiona primero por su gran número y luego por el tamaño de las plantas individuales. Las hojas, parecidas a las del sauce, de cuatro a seis pulgadas de largo cuando están completamente desarrolladas, tienen una venación circular distintiva: las venas laterales se funden en una única vena que recorre todo el borde de la hoja. Las flores de color rosa brillante, que florecen desde la parte inferior de la planta hasta la parte superior, son zigomorfas (simétricas bilateralmente) y tienen largos estambres en forma de bigotes.

- **Posibles parecidos/contrapartes venenosas:** Desde lejos, la invasora *arroyuela (Lythrum salicaria)* se parece un poco a la adelfilla, con hojas de lanza y profusas flores magenta. Sin embargo, una inspección más detenida revelará las numerosas distinciones: la arroyuela tiene tallos ramificados, mientras que la adelfilla suele tener una forma compacta, casi de árbol de Navidad; las hojas de la arroyuela son opuestas, mientras que las de la adelfilla son alternas en espiral. Por último, sus flores son mucho más pequeñas que las de la adelfilla, tienen seis pétalos y son actinomorfas (simétricas radialmente). No se sabe que sea tóxica y, de hecho, se ha utilizado en la fitoterapia europea durante siglos.

Bayas silvestres

Fresa silvestre (*Fragaria vesca* y *F. virginica*)

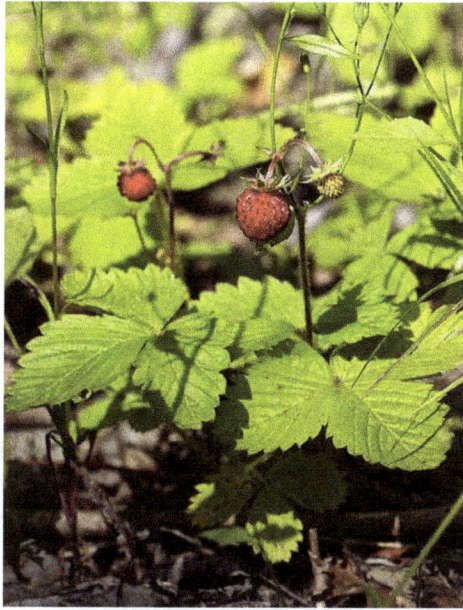

- **Características distintivas:** Las fresas silvestres (*Fragaria* spp.), al igual que sus primas las moras y las frambuesas (*Rubus* spp.), son plantas perennes trepadoras de la familia de las rosáceas, con un hábito de crecimiento a medio camino entre el de una enredadera y el de una hierba. Aunque las plantas individuales rara vez superan los diez o doce centímetros de altura, cubren mucho terreno a través de **estolones** o tallos rastreros, de forma muy parecida a la hierba de su césped (si tiene uno). Sus hojas verdes brillantes y dentadas son trifoliadas (con tres lóbulos o foliolos) y se parecen un poco a las hojas de la mora, al igual que sus flores blancas de cinco pétalos. Las bayas, que maduran a mediados del verano, son inconfundibles e imperdibles.

- **Hábitats preferidos:** Las fresas silvestres toleran una amplia gama de condiciones, pero son básicamente plantas de bosque, con una especial predilección por las zonas alteradas como bordes y claros. Los bordes de las carreteras y los márgenes de las rutas de senderismo también son lugares propicios. Una cosa a tener en cuenta es que las fresas silvestres a menudo persistirán en entornos muy sombríos sin llegar a producir frutos, así que no dé por hecho que ha encontrado un campo de fresas sólo porque ha encontrado *plantas de* fresas.

- **Matices estacionales:** Las fresas silvestres suelen estar listas para recolectar en julio, aunque los buscadores del norte o de grandes altitudes pueden tener que esperar hasta agosto. Sin embargo, lo más difícil no es encontrar bayas maduras, ¡sino competir con el resto de la fauna! Recuerde tomar sólo unas pocas bayas de cada planta, para asegurarse de que el resto del bosque pueda beneficiarse de ellas.

- **Beneficios nutricionales:** Las fresas silvestres tienen una alta concentración de vitamina C, manganeso y hierro.

- **Consejos de identificación:** Probablemente no necesite ayuda para identificar una fresa, pero las plantas pueden ser algo discretas antes de florecer. Busque las características hojas trifoliadas y, a continuación, mire más de cerca: debería poder encontrar estolones que conectan las plantas entre sí. Las flores son pequeñas, de poco más de media pulgada de ancho, pero bastante hermosas, con cinco pétalos de un blanco nítido (muy raramente, de color rosa) y numerosos estambres conspicuos en el centro.

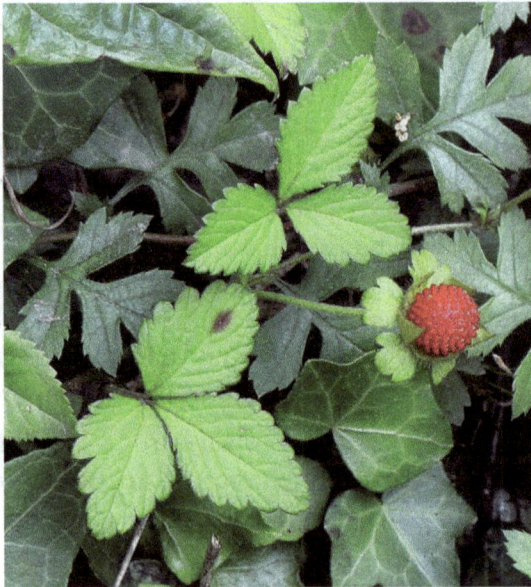

Falsa fresa[88]

- **Posibles parecidas/contrapartes venenosas:** Las falsas fresas (*Potentilla indica*) tienen hojas dentadas de tres lóbulos y pueden parecer notablemente similares a las fresas silvestres, aunque mucho más pequeñas (frutos del tamaño de un guisante). Estas van precedidas, sin embargo, de flores amarillas en lugar de blancas, lo que indica que estas plantas están más emparentadas con las potentillas (*Potentilla reptans*) que con las fresas verdaderas. Por cierto, los frutos son perfectamente comestibles, aunque casi no tienen sabor.

Guillomo (*Amelanchier alnifolia* y *A. utahensis*)

Guillomo de Saskatchewan (*Amelanchier alnifolia*)[89]

- **Características distintivas:** Los guillomos son arbustos del género *Amelanchier*, de los cuales el guillomo de Saskatchewan (*A. alnifolia*) –a menudo llamado simplemente «saskatun»– es el más común en el oeste. Los guillomos son profusamente de troncos múltiples, con docenas de tallos que surgen de un único patrón. Las hojas son de forma ovalada a casi circular, con venas pinnadas prominentes y márgenes dentados, parecidas a las hojas del aliso (*Alnus* spp.). Grandes racimos de flores blancas aparecen a finales de la primavera o principios del verano, convirtiéndose en pequeñas «bayas» de color azul oscuro (técnicamente, se parecen más a las manzanas) en julio y agosto.

- **Hábitats preferidos:** El guillomo suele encontrarse en bosques de pinos de baja altitud, donde el dosel es relativamente escaso, así como a lo largo de arroyos y riachuelos de montaña. Puede prosperar en suelos poco fértiles, pero crece mejor a pleno sol y cerca de una fuente de agua constante.

- **Matices estacionales:** Los árboles y arbustos de guillomo florecen a finales de la primavera, pero las bayas están maduras y listas para su recolección a mediados o finales del verano.

- **Beneficios nutricionales:** Los guillomos son una fuente asombrosa de vitamina C. También contienen fibra dietética, unos 7 gramos por taza.

- **Consejos de identificación:** Los guillomos son fáciles de identificar cuando hay flores o frutos; antes de la floración, se identifican mejor por sus hojas redondas, que contrastan fuertemente con los tallos rojizos o marrón claro y a menudo sólo están parcialmente dentadas, a lo largo del borde más lejano de la hoja.

- **Posibles parecidos/contrapartes venenosas:** Los guillomos pueden confundirse a veces con las cerezas de Virginia, que también tienen flores blancas y bayas comestibles. Estas cerezas son más pequeñas y se disponen en racimos colgantes compactos; sus hojas son más grandes y oblongas, con las puntas puntiagudas en lugar de redondeadas. Sus frutos son brillantes, mientras que los guillomos son más apagados, similares a los arándanos.

Arándano rojo (*Vaccinium scoparium*)

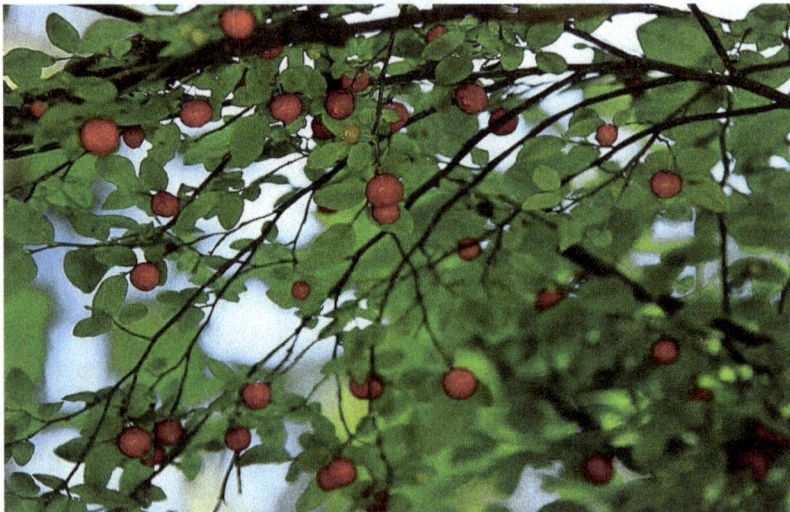

Arándanos rojos (*Vaccinium scoparium*)[40]

- **Características distintivas:** Los arándanos rojos (*Vaccinium* spp.) están estrechamente emparentados con los arándanos rojos americanos (*Vaccinium* subg. *oxycoccum*) y los arándanos azules (*Vaccinium* subg. *cyanococcus*), y se pueden encontrar más de una docena de especies en el Oeste. El arándano rojo (*V. scoparium*) es una de las especies más comunes y fáciles de reconocer, con sus características ramitas angulosas y sus hojas finamente dentadas y delgadas como el papel. Las delicadas flores blancas y rosas maduran en bayas de color púrpura oscuro que se parecen mucho a los brillantes arándanos.

- **Hábitats preferidos:** Los arándonos rojos, como muchas otras especies de *Vaccinium*, son especialistas en hábitats alterados, propagándose rápidamente mediante rizomas (tallos subterráneos) para colonizar las aberturas. Suelen ser una especie dominante del sotobosque en bosques de coníferas recientemente quemados o talados y en laderas rocosas, especialmente por encima y junto a arroyos.

- **Matices estacionales:** Los arándanos rojos florecen relativamente tarde en la temporada (generalmente en mayo o principios de junio) y las bayas maduran a finales del verano. Dependiendo de la latitud y la altitud, eso puede ser tan pronto como en julio (más abajo) o tan tarde como a finales de agosto (más arriba).

- **Beneficios nutricionales:** Los arándanos rojos son un superalimento que contiene una cantidad impresionante de vitaminas, minerales, fibra, antioxidantes y polifenoles.

- **Consejos de identificación:** Los arándanos rojos son arbustos que se extienden, generalmente hasta la altura de la cintura, pero que a menudo forman densas colonias clonales. Aparte de las propias bayas, las hojas pueden ser la parte más distintiva de las plantas. Miden unos dos centímetros de largo, son bastante finas (el epíteto específico *membranaceum* hace referencia a su textura similar a una membrana) y están finamente dentadas; mírelas más de cerca (puede que necesite una lupa de mano) y verá un diminuto vello en el ápice de cada diente. Las flores en forma de campana de color blanco, crema o rosa surgen en racimos de las axilas de las hojas, y rara vez tienen más de medio centímetro de diámetro; los frutos se parecen notablemente a los arándanos azules brillantes, con un color que va del rojo intenso (espere un poco) al casi negro (¡listo para comer!).

- **Posibles semejantes/contrapartes venenosas:** Los arándanos rojos tienen pocos semejantes fuera de su género, pero, como se ha señalado anteriormente, los arándanos rojos de montaña están lejos de ser las únicas especies de arándanos rojos en el Oeste, y en muchos lugares otras especies pueden ser más abundantes localmente. El diminuto arándano de hoja pequeña (*V. scoparium*) y el arándano enano (*V. caespitosum*) son dos de las especies más frecuentes en el Oeste interior. Es una buena idea aprender cuáles son las especies más comunes en su zona concreta, ya que todas son comestibles y vale la pena recolectarlas.

Frambuesas

Frambuesas[a]

- **Características distintivas:** Las frambuesas silvestres (*Rubus strigosus*), al igual que otras zarzas (*Rubus* spp.), son plantas distintivas en cualquier época del año: si las bayas de color rojo brillante no le llaman la atención, ¡los tallos espinosos sin duda lo harán! Las frambuesas se distinguen de otras zarzas principalmente por sus tallos o cañas, armados no sólo de espinas, sino también de pelos erizados, así como por sus pequeñas flores blancas, que surgen en racimos, en lugar de individualmente.

- **Hábitats preferidos:** Las frambuesas más grandes y dulces proceden de plantas de hábitats húmedos que reciben mucha luz solar: las orillas soleadas de los arroyos, los bordes de las carreteras y los bosques recién quemados suelen abundar en frambuesas. También suelen encontrarse «en el borde», ya sea la orilla de un arroyo o el arcén de una carretera... ¡incluso al lado de una ruta de senderismo!

- **Matices estacionales:** Como la mayoría de las otras especies de su género, las frambuesas tienen raíces perennes y tallos bienales: cada vara espinosa pasa el primer año creciendo y el segundo floreciendo y fructificando. Las flores surgen a finales de la primavera y las bayas maduran desde mediados del verano hasta principios del otoño, dependiendo de la altitud y la latitud. Las plantas de mayor altitud (y del norte) fructifican más tarde que sus primas de menor altitud (y del sur).

- **Beneficios nutricionales:** Las frambuesas tienen altos niveles de vitaminas C y K y manganeso. También contienen cantidades saludables del fitoquímico *ácido elágico.*

- **Consejos de identificación:** Los tallos de las frambuesas no sólo son espinosos, sino que a menudo también son peludos, sobre todo en los nuevos brotes. También son distintivamente **pruinosos**, lo que significa que tienen un recubrimiento gris azulado pálido como el que tienen las ciruelas. Las hojas, que son de 3 o 5 cm compuestas, tienen los márgenes dentados y a menudo están cubiertas de los mismos pelos erizados que los tallos. Los frutos son verdosos al principio y maduran hasta alcanzar su característico color rojo intenso. Si no está seguro de si una baya está madura, dele un suave tirón: si no se desprende fácilmente de la planta, probablemente se ha adelantado demasiado.

- **Posibles parecidas/contrapartes venenosas:** Las frambuesas no tienen semejantes tóxicos: cualquier baya que se parezca a una frambuesa (o mora) es comestible, así que no se preocupe demasiado por su identificación. Dicho esto, los tallos peludos y pruinosos de las plantas de frambuesa son lo suficientemente distintivos como para evitar confusiones con otras especies. Las bayas dedal y las frambuesas de las Montañas Rocosas son las más parecidas en apariencia a las frambuesas, pero sus hojas son simples en lugar de compuestas y a menudo mucho más grandes que las de las frambuesas.

Mora (*Rubus* spp.)

Moras[48]

- **Características distintivas:** Las zarzamoras no son realmente una sola especie: ¡son las zarzas (*Rubus* spp.) con frutos oscuros! En el Oeste, las zarzas autóctonas más comunes tienen todas frutos rojos, así que si ve una planta con frutos de color oscuro, es muy probable que se trate de una especie exótica: las más comunes son la zarza del Himalaya (*R. armeniacus*) y la zarza europea (*R. bifrons*), que algunos botánicos piensan que en realidad son una sola especie.

- **Hábitats preferidos:** Como la mayoría de las zarzas, la zarza del Himalaya adora los terrenos alterados, tanto que se ha convertido en invasora de gran parte de la costa Oeste, donde forma enormes matorrales. Es especialmente común en bosques de pinos con copas abiertas, y puede colonizar bosques quemados o talados con asombrosa rapidez.

- **Matices estacionales:** En el Oeste, casi todas las zarzas florecen en primavera y fructifican durante todo el verano. Las zarzas del Himalaya escalonan sus épocas de floración y fructificación, y al menos algunas plantas tendrán frutos maduros desde abril hasta septiembre.

- **Beneficios nutricionales:** Las moras son una fuente conocida de vitaminas C y K, manganeso y fibra. Los pigmentos oscuros que dan a las moras su intenso color contienen antocianinas, un potente antioxidante.

- **Consejos de identificación:** Las zarzas del Himalaya tienen un hábito de crecimiento similar al de las especies autóctonas, pero sobrecargado: ¡estas plantas pueden alcanzar fácilmente los tres metros de altura, o extenderse por el suelo seis metros o más! Los tallos son a menudo de sección hexagonal, y sus espinas son ganchudas. Las hojas son compuestas y distintivamente palmadas, lo que significa que todos los foliolos (normalmente 5) brotan de un solo punto. Las flores son pequeñas (alrededor de media pulgada de diámetro), pero compensan su tamaño con su gran número, emergiendo por docenas en largos racimos.

- **Posibles parecidas/contrapartes venenosas:** A pesar de que en Norteamérica se pueden encontrar hasta cien especies de zarza, en realidad no es probable que confunda ninguna de ellas con la zarza del Himalaya: aparte de sus características púas ganchudas y sus hojas palmeadas, ninguna otra especie crece con tanto vigor ni tan grande como la zarza del Himalaya. Desgraciadamente, esto ocurre a menudo a expensas de los ecosistemas autóctonos, pero la buena noticia es que esto significa que no hay necesidad de contenerse a la hora de cosechar: ¡en realidad le estará haciendo un favor al bosque!

Grosellas de montaña (*Ribes montigenum*)

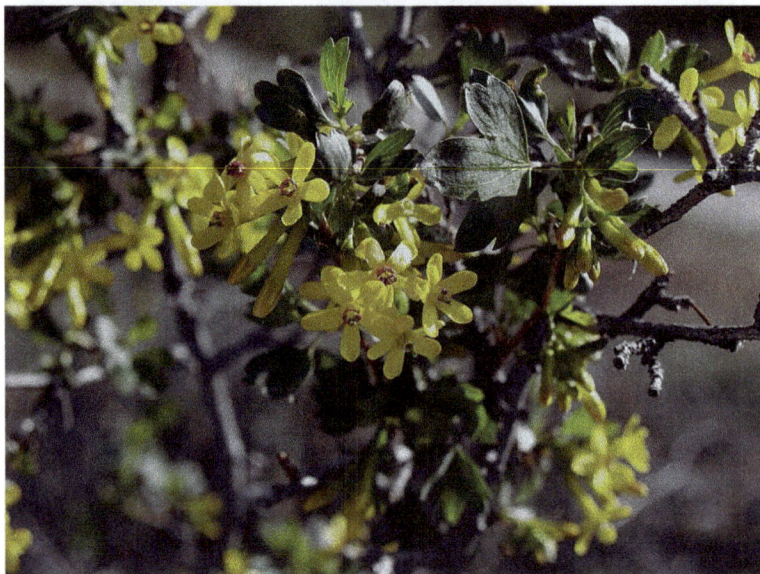

Grosella dorada (*Ribes aureum*)[48]

- **Características distintivas:** Las grosellas y grosellas espinosas (*Ribes* spp.) son arbustos de bajo crecimiento con una enorme diversidad: sólo en Norteamérica se encuentran más de 50 especies, y distinguir unas de otras no siempre es fácil. En el Oeste, las grosellas de montaña (*R. montigenum*) son una de las especies comestibles más comunes, y por suerte también son bastante distintivas: los tallos están cubiertos de espinas y púas, ¡y las propias bayas a menudo parecen estar igual de armadas! De hecho, son perfectamente seguras para comer crudas o cocinadas, con un sabor agrio pero dulce que se luce mejor en jaleas y tartas.

- **Hábitats preferidos:** Las tierras altas y los bosques de montaña son donde la grosella de montaña encuentra su hogar, en particular los bosques secos de píceas (*Picea*) y abetos (*Abies*). Aunque tolera la sombra, es especialista en laderas secas y rocosas y en lugares expuestos, a veces aferrándose con valentía a las duras comunidades alpinas por encima de la arboleda.

- **Matices estacionales:** Las grosellas de montaña crecen en lugares donde sólo puede haber cien días al año por encima del punto de congelación. Florecen a finales de verano (mucho más tarde que otras especies) y no pierden el tiempo, dando fruto tan sólo un mes después. Si se encuentra en las montañas y hace suficiente calor para estar al aire libre, es muy probable que las grosellas de montaña estén pronto maduras.

- **Beneficios nutricionales:** Para ser unas bayas tan pequeñas y discretas, las grosellas de montaña tienen un alto contenido en vitamina C, antioxidantes, fibra e incluso pequeñas cantidades de minerales beneficiosos como el potasio y el manganeso.

- **Consejos de identificación:** Las hojas de la grosella de montaña miden 1-2 pulgadas de largo y tienen lóbulos distintivos, muy parecidos a los de una hoja de geranio. En el nuevo crecimiento, encontrará un conjunto de espinas en la base de cada hoja: de 1 a 5, generalmente 2 o 3. Las flores, que aparecen por centenares, son diminutas (un cuarto de pulgada de diámetro) y de color rosa salmón, con pelos glandulares por todo su exterior que contribuyen al aroma especiado de las flores. Los frutos son bayas rojas brillantes de un centímetro de diámetro y están cubiertas de los mismos pelos que las flores.

- **Posibles parecidas/contrapartes venenosas:**

Cereza de Virginia (*Prunus virginiana*)

Cerezas de Virginia"

- **Características distintivas:** Las cerezas de Virginia (*Prunus virginiana*) están estrechamente emparentadas con los melocotones, las ciruelas y las cerezas. Dependiendo de cómo se miren, son pequeños árboles o grandes arbustos y, al igual que sus primos huertanos, tienen hojas finamente dentadas y una corteza lisa y brillante. Sin embargo, sus flores, aunque similares en su forma general, son más pequeñas (alrededor de media pulgada de ancho) y mucho más numerosas, creciendo en grandes racimos en lugar de individualmente. Los frutos parecen pequeñas cerezas, comienzan rojos y maduran a un negro brillante. Incluso los frutos maduros tienen un sabor astringente y ácido que se presta para ser licuado o cocinado.

- **Hábitats preferidos:** Las cerezas de Virginia son bastante adaptables y pueden crecer prácticamente en cualquier lugar, desde prados hasta bosques y estribaciones. También se encuentran a menudo en los bordes de las carreteras y en los cercados.

- **Matices estacionales:** Las cerezas de Virginia florecen más tarde que los melocotones y las cerezas verdaderas, pero los frutos se desarrollan más rápido, apareciendo a mediados del verano y madurando en agosto o septiembre. Coseche sólo las cerezas maduras y no las coma crudas, ya que contienen toxinas que se descomponen al cocinarlas o secarlas al sol.

- **Beneficios nutricionales:** Las cerezas de Virginia tienen un alto contenido en vitamina C, vitamina A, calcio y hierro. También contienen pequeñas cantidades de compuestos que producen cianuro, así que quizá no se pase.

- **Consejos de identificación:** Las cerezas de Virginia son fáciles de reconocer por sus racimos de pequeñas bayas de color púrpura oscuro o negro que cuelgan en racimos colgantes. Las hojas son de color verde brillante con bordes dentados que adquieren tonalidades amarillas, naranjas y rojas en otoño. Como casi todos sus parientes más cercanos (entre los que se incluyen los melocotones, las ciruelas y las almendras), las hojas del cerezo de Virginia huelen a extracto de almendra cuando se trituran, con un distintivo matiz amargo.

- **Posibles parecidas/contrapartes venenosas:** Hay muchas especies de *Prunus* en Norteamérica, pero las cerezas de Virginia se distinguen fácilmente de sus parientes cercanos por sus largos racimos de flores, un rasgo poco común en las especies autóctonas. Podría confundir las bayas del fresno de montaña (*Sorbus scopulina*) con las de los cerezos inmaduros, pero las hojas del fresno de montaña son compuestas, mientras que las de los cerezos son simples. Las cerezas de Virginia también se oscurecen a medida que maduran, mientras que las bayas del fresno de montaña permanecen de color rojo brillante.

Frutos secos y semillas

Piñón, Nuez pignolia (*Pinus edulis*)

Piñones[46]

- **Características distintivas:** Los piñones son las semillas comestibles de ciertas especies de pinos, de las cuales la más común es el pino piñonero (*Pinus edulis*). Los pinos piñoneros son más pequeños y rezagados que la mayoría de los pinos, lo que los hace bastante fáciles de identificar, y sus piñas también lo son, raramente más grandes que una pelota de golf y con sólo cinco o diez escamas superpuestas. Dentro de cada escama hay dos grandes semillas marrones, que pueden abrirse para revelar los granos de color crema de su interior.

- **Hábitats preferidos:** Los pinos piñoneros están bien adaptados a las laderas secas y rocosas y a las mesetas del Oeste Montañoso. A menudo se encuentran creciendo junto con el enebro (*Juniperus* spp.), y de hecho los dos árboles son dominantes en una enorme franja del suroeste. En Colorado, casi una cuarta parte de la superficie forestal total es bosque de piñón y enebro.

- **Matices estacionales:** Los conos de los pinos aparecen en verano y maduran en otoño, cayendo al suelo durante todo el invierno.

Recoja las piñas cuando estén completamente marrones, pero que aún no se hayan abierto: en cuanto lo hagan, competirá con casi todos los demás animales de la zona por las nueces, ¡así que no espere a que le caigan encima!

- **Beneficios nutricionales:** Los piñones se consideran un superalimento. Aportan grasas saludables, proteínas, fibra, vitaminas y minerales. Sólo un pequeño puñado le llenará de vitaminas B y E, magnesio, fósforo y el antioxidante *selenio*. Los piñones también contienen ácido pinolénico, un ácido graso esencial que se cree que suprime el apetito.

- **Consejos de identificación:** Los pinos piñoneros son árboles pequeños que crecen a menudo junto a los enebros. Las acículas aparecen siempre en pares agrupados y son relativamente cortas, de unos 5 cm de largo. Los conos son pequeños (2 pulgadas o menos de diámetro) y redondos, casi esféricos; tienen escamas gruesas y leñosas que se abren ligeramente cuando maduran las nueces.

- **Posibles parecidos/contrapartes venenosas:** No es probable que confunda un pino con ninguna otra cosa (excepto quizá con un abeto), y entre los pinos, los pinos piñoneros son a la vez abundantes y distintivos. Con los piñones, lo difícil no es encontrar la especie adecuada, ¡sino encontrar un palo lo suficientemente largo para derribar las piñas!

Avellana (*Corylus cornuta*)

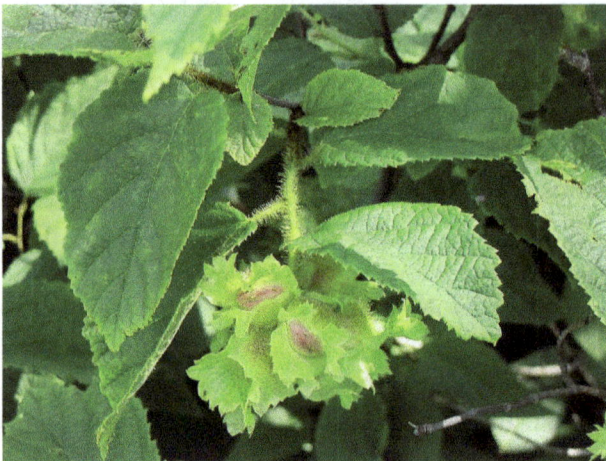

Avellanas[a]

- **Características distintivas:** Las avellanas son las nueces comestibles producidas por el avellano (*Corylus* spp.), un arbusto esbelto o un árbol pequeño con hojas grandes parecidas a las del olmo y amentos de flores pequeñas. La especie más común en el Oeste es el *C. cornuta*, identificable por sus hojas doblemente dentadas, suavemente vellosas en el envés.

- **Hábitats preferidos:** Los avellanos no toleran ni el pleno sol ni la sombra profunda, y crecen mejor en bosques o arboledas con un dosel y sotobosque abiertos. A menudo pueden encontrarse creciendo a lo largo de las orillas de arroyos montañosos, bosques abiertos y, a veces, a lo largo de cercados y bordes de carreteras.

- **Matices estacionales:** Los avellanos florecen muy pronto en primavera, aunque sus amentos (racimos colgantes) de flores se polinizan con el viento y no son muy vistosos. Las nueces maduran en otoño, y las nueces maduras pueden identificarse por sus cáscaras, que pasan del verde al marrón. Las cáscaras están cubiertas de pequeños pelos que pueden irritar la piel de algunas personas, por lo que deben utilizarse guantes al recolectarlas.

- **Beneficios nutricionales:** Las avellanas son una fuente concentrada de vitamina E, magnesio, fósforo y el compuesto antioxidante *cobre.*

- **Consejos de identificación:** Las hojas del avellano son anchas y algo coriáceas, con los bordes doblemente dentados y una textura vellosa por debajo. Los frutos son prácticamente inconfundibles, ocultos en cáscaras parecidas a hojas con largos «picos» de los que la especie toma su nombre.

- **Posibles parecidos/contrapartes venenosas:** Las castañas pueden parecerse a los arbolitos de aliso porque tienen hojas y flores similares, pero los alisos suelen crecer mucho más que las castañas. Las propias nueces, con sus extrañas brácteas envolventes, son inconfundibles. En el norte de California es más común el avellano *cornuta* (de aspecto aún más extraño), que también produce nueces comestibles.

Pecana

Pecana[47]

- **Características distintivas:** Las pecanas son las nueces oblongas de cáscara fina que producen los árboles de pecán (*Carya illinoensis*). Pueden alcanzar más de 100 pies de altura, con troncos robustos y ramas extendidas.

- **Hábitats preferidos:** A los pecanos les encantan los suelos ricos y bien drenados de las zonas ribereñas y los cañones profundos. Los verá bordeando las orillas de ríos y arroyos o creciendo en las laderas de colinas boscosas. Se dan mejor en zonas que reciben mucha luz solar y humedad constante.

- **Matices estacionales:** Los pecanos florecen en primavera, produciendo largos amentos caídos que acaban dando paso a las nueces en desarrollo. A finales del verano o principios del otoño, las nueces madurarán por completo y estarán listas para su recolección.

- **Beneficios nutricionales:** Las pecanas contienen grasas saludables, proteínas, fibra y una buena cantidad de vitaminas y minerales. Son una fuente fiable de magnesio, zinc y antioxidantes como la vitamina E.

- **Consejos de identificación:** Es difícil no ver un pecán, teniendo en cuenta que alcanzan los 30 metros. Sus hojas no son simples, sino toda una banda de foliolos que crecen de un solo tallo. Las nueces son oblongas y alargadas, y crecen de uno a dos centímetros de largo. Cada nuez está encerrada en una cáscara dura y marrón que se abre cuando madura para revelar la nuez, que es moteada de negro y marrón. Junte todos estos detalles y sabrá que está ante un pecán.

- **Posibles parecidos/contrapartes venenosas:** Hay algunas especies que potencialmente podrían confundirse con los pecanos si no se presta atención. Una es el nogal negro. Ambas son nueces comestibles, pero la impostora tiene una cáscara verde muy gruesa que no se parte cuando madura.

Chía (*Salvia columbariae*)

Chía (*Salvia columbariae*)[48]

- **Características distintivas:** Las semillas de chía son diminutas semillas comestibles de algunas especies del género *Salvia*, que también incluye la salvia (*S. officinalis*) y el romero (*S. rosmarinus*). La «chía dorada» (*S. columbarieae*) es originaria de Occidente y se identifica por sus hojas profundamente disecadas y sus racimos globulares de flores púrpuras o rosas.

- **Hábitats preferidos:** Las plantas de chía se sienten como en casa en climas cálidos y áridos. Las encontrará en zonas abiertas y soleadas como prados secos, praderas e incluso a lo largo de los bordes de las carreteras.

- **Matices estacionales:** Las plantas de chía son plantas anuales de clima cálido que brotan en primavera y maduran a finales del verano.

- **Beneficios nutricionales:** Las semillas de chía son veneradas como un superalimento, y por una buena razón. Lo tienen todo: ácidos grasos, omega-3, proteínas, fibra, antioxidantes, vitaminas esenciales y minerales, y además en grandes cantidades.

- **Consejos de identificación:** Busque las hojas con volantes, profundamente disecadas, y los racimos esféricos de flores púrpuras, ¡que hacen que las plantas parezcan pequeños árboles de Trufa!

- **Posibles parecidos/contrapartes venenosas:** La chía tiene un aspecto muy distintivo y no tiene verdaderos semejantes. Muchas especies de salvia (*Salvia* spp.) tienen flores similares, pero no están dispuestas en racimos redondos como la chía. La mayoría de las salvias huelen a menta o a salvia, pero las plantas de chía huelen más bien a zorrillo, otro rasgo distintivo.

Baya de enebro

Bayas de enebro[49]

- **Características distintivas:** Las bayas de enebro son en realidad los pequeños conos de color verde azulado a púrpura que producen diferentes especies de enebro (*Juniperus* spp.), especialmente el enebro común (*J. communis*) y el enebro de las Rocallosas (*J. scopulorum*). Los enebros pueden identificarse por sus diminutas agujas en forma de escamas, similares a las de los cipreses (*Cupressus* spp.), pero con conos más pequeños.

- **Hábitats preferidos:** Los enebros y arbustos están bien adaptados a las duras condiciones de las tierras secas. Los encontrará aferrándose a las laderas de los cañones, bordeando los prados de gran altitud e incluso brotando en las grietas de los afloramientos. No son exigentes con el lugar donde crecen siempre que haya suficiente sol y un suelo que drene bien.

- **Matices estacionales:** Los enebros producen bayas todos los años, pero cada baya tarda más de un año en madurar, por lo que a menudo pueden encontrarse bayas maduras e inmaduras en el mismo árbol en distintas épocas del año. En la mayoría de las especies, las bayas maduran en otoño e invierno, pasando del verde o azul al rojo o púrpura intenso, y las mejores bayas de enebro suelen recolectarse en pleno invierno.

- **Beneficios nutricionales:** Las bayas de enebro son mucho más que un simple agente aromatizante; son ricas en antioxidantes, aceites esenciales, vitamina C, vitamina A y otras vitaminas del complejo B.

- **Consejos de identificación:** Un enebro puede variar de tamaño, desde pequeños arbustos ralos hasta gigantes de 12 metros de altura. A diferencia de los pinos, abetos y otras coníferas, los enebros tienen pequeñas hojas escamosas en lugar de agujas. Las bayas miden alrededor de un cuarto de pulgada de diámetro y son de color negro azulado oscuro cuando están maduras, aunque suelen tener un aspecto verde azulado claro debido al recubrimiento ceroso y resinoso de la superficie. Al cortarlas para abrirlas, las bayas deben tener de una a tres semillas duras, parecidas a nueces, en su interior.

- **Posibles parecidos/contrapartes venenosas:** Los enebros no tienen semejantes comunes, pero algunos enebros ornamentales producen bayas que son tóxicas incluso en cantidades moderadas, así que sólo recoja bayas de árboles silvestres.

Nuez de nogal negro

Nuez de nogal negro[50]

- **Características distintivas:** Las nueces de nogal negro son frutos grandes y de color oscuro producidos por los nogales negros (*Juglans nigra*), emparentados con los pecanos y el nogal americano (*Carya* spp.). Los frutos del nogal tienen una cáscara exterior gruesa y verde que manchará sus dedos de un marrón oscuro cuando estén maduros. En el interior de la cáscara se encuentra la dura cáscara de la nuez, de color pardo-negro, que protege la carne de la nuez.

- **Hábitats preferidos:** Los nogales negros crecen en suelos húmedos y bien drenados a lo largo de arroyos y ríos y en bosques de fondo. Les encantan las zonas expuestas a pleno sol y prefieren los suelos ligeramente ácidos.

- **Matices estacionales:** Las nueces del nogal negro forman sus frutos verdes, del tamaño de una pelota de golf, a finales del verano. A principios de otoño, las nueces empezarán a caer, lo que constituye un momento ideal para recolectarlas. Las cáscaras deben estar aún verdes, pero ligeramente blandas, lo suficiente como para hacerles una muesca con el pulgar. Puede quitar las cáscaras antes de cosecharlas (puede utilizar el tacón de su bota, ¡o incluso atropellarlas con el coche!) o dejarlas puestas y esperar a quitarlas hasta que se vuelvan marrones.

- **Beneficios nutricionales:** Las nueces del nogal negro proporcionan un buen aporte de proteínas, magnesio, fósforo, cobre, grasas saludables, fibra y vitaminas del grupo B.

- **Consejos de identificación:** Las hojas tienen 15, 17 o 19 foliolos, y desprenden un olor penetrante (pero no desagradable) cuando se aplastan; algunas personas lo describen como similar al de la cera para muebles.

- **Posibles parecidos/contrapartes venenosas:** Aunque los nogales pueden parecerse a los nogales pecaneros (*Carya illinoensis*) para el ojo inexperto, las nueces en sí son bastante distintivas y no tienen verdaderos semejantes. Los nogales de Arizona (*Juglans major*) son similares en apariencia a los nogales negros pero mucho más pequeños, y las hojas suelen tener menos de 15 foliolos.

Raíces y tubérculos

Raíz de bardana (*Arctium lappa*)

Bardana (*Arctium lappa*)[1]

- **Características distintivas:** La bardana (*Arctium lappa*) es una planta bienal de gran tamaño que puede alcanzar los seis pies de altura, con enormes hojas en forma de corazón que pueden llegar a medir más de un pie de largo. Su larga y gruesa raíz pivotante es a la vez comestible y medicinal.

- **Hábitats preferidos:** La bardana es una maleza silvestre sorprendentemente extendida y muy adaptable. Crecerá felizmente en terrenos baldíos, pastos, bordes de carreteras y cualquier zona soleada y abierta con suficiente agua.

- **Matices estacionales:** La bardana es una planta bienal, lo que significa que tiene un ciclo de vida de dos años. En el primer año, la energía de la planta se destina a establecer un fuerte sistema radicular y a producir hojas grandes y verdes. Durante este primer año, la raíz crecerá larga y gruesa con una piel suave. El mejor momento para desenterrar y comer la raíz de bardana es en el otoño del primer año, después de que las hojas se hayan marchitado, pero antes de que la planta entre en letargo para el invierno. En el segundo año, la energía de las raíces se utiliza para alimentar la floración y la producción de semillas, y las raíces de estas plantas serán menos tiernas y sabrosas.

- **Beneficios nutricionales:** La raíz de bardana es baja en calorías y alta en fibra, vitaminas A y C, hierro, calcio y potasio. También contiene inulina, una fibra prebiótica para las bacterias intestinales sanas.

- **Consejos de identificación:** Las grandes hojas en forma de corazón de la bardana pueden llegar a medir más de medio metro de largo y tienen un aroma terroso y amargo que sólo puede describirse como «verde». La bardana huele a verde. Las raíces deben tener un exterior marrón claro o tostado sin grandes cortes, rasguños o zonas arrugadas o dañadas. Manténgase alejado de cualquier raíz que parezca vieja, descolorida o poco saludable.

- **Posibles parecidos/contrapartes venenosas:** Varias especies de acedera de culebra (*Rumex* spp.) crecen en hábitats similares a los de la bardana y tienen hojas grandes que pueden parecerse a las de ésta, especialmente el acederón de burro (*R. obtusifolius*). Las hojas de la acedera son más estrechas en general, y nunca alcanzan el enorme tamaño de las hojas de la bardana. También tienen grandes raíces pivotantes, pero ni de lejos tan grandes como las de la bardana.

Camassia

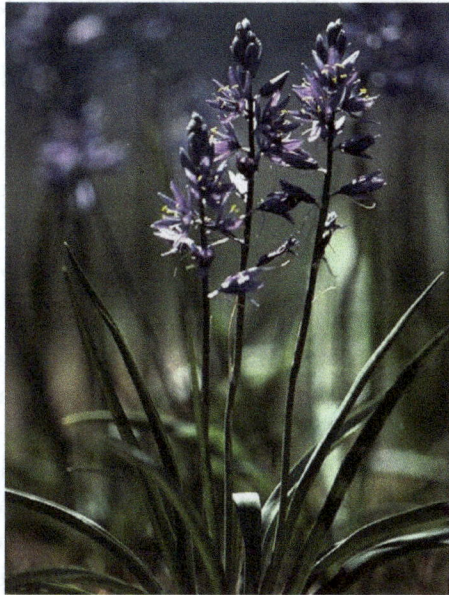

Camassia[52]

- **Características distintivas:** La *camassia* común (*Camassia quamash*) es una planta perenne nativa parecida a un lirio con bulbos comestibles que ha sido un alimento básico para las culturas indígenas de todo el continente. Durante la mayor parte del año las plantas son relativamente discretas: no son mucho más que un mechón de hojas largas parecidas a la hierba. A finales de la primavera, sin embargo, estallan con vistosas flores púrpuras que nacen en tallos que pueden alcanzar un metro de altura. Los bulbos, que parecen pequeñas patatas, se desarrollan unos centímetros por debajo del suelo.

- **Hábitats preferidos:** Las *camassia* crecen en zonas abiertas. En primavera las plantas necesitan mucha agua para florecer, pero son bastante tolerantes a la sequía fuera de la época de floración. Por este motivo, suelen encontrarse en hábitats secos que son estacionalmente húmedos, desde praderas y laderas hasta charcas efímeras y riberas de arroyos de montaña.

- **Matices estacionales:** Los bulbos de la *camassia* son acumuladoras de energía: son como «baterías» solares que las plantas recargan cada primavera y verano. A principios de la primavera, estas baterías se descargan para alimentar el crecimiento por encima del suelo, luego se recarga la batería siempre que haya agua suficiente para que las plantas hagan la fotosíntesis. Esto significa que los bulbos serán más dulces y nutritivos entre el final de una temporada de crecimiento y el principio de la siguiente. Sin embargo, los recolectores principiantes sólo deben cosechar plantas que aún tengan flores marchitas, ya que es la única forma de distinguirlas con fiabilidad de sus dobles tóxicos (véase más abajo).

- **Beneficios nutricionales:** Los bulbos de *camassia* son una buena fuente de carbohidratos complejos, fibra, calcio, hierro y potasio.

- **Consejos de identificación:** Las plantas de *camassia* tienen hojas de hasta dos pies de largo, pero sólo de media pulgada de ancho, y casi siempre tienen 9 o menos hojas por planta. Los bulbos (técnicamente, tallos modificados llamados cormos) son redondos y oblongos, de entre media pulgada y dos pulgadas de diámetro. Están cubiertos de una piel marrón apergaminada, pero deben tener una pulpa blanca y firme. No coja ningún bulbo que parezca arrugado, descolorido o tenga la carne manchada.

Toxicoscordion venenosum [49]

- **Posibles parecidos/contrapartes venenosas:** *Toxicoscordion venenosum*, llamada en los EE.UU. «*camassia* de la muerte», es el semejante venenoso más común, pero es sólo una de una serie de especies afines que pueden causar una intoxicación grave si se ingieren. La mayoría de ellas tienen flores blancas o blanco verdosas que pueden distinguirse fácilmente de las flores azules/púrpuras de las *camassia* comunes. Sin embargo, son muy difíciles de distinguir sin flores, por lo que los recolectores principiantes sólo deben cosechar bulbos de plantas con flores.

Raíces de onagra

Onagra⁵⁴

- **Características distintivas:** La onagra (*Oenothera biennis*) es una hierba bienal muy extendida con raíces comestibles parecidas a las de la zanahoria. Las plantas del primer año son rosetas discretas de hojas teñidas de rojo, pero en el segundo año las plantas florecen con flores amarillas brillantes de cuatro pétalos en tallos de hasta cuatro pies de altura. Tanto el tallo como las hojas parecidas a las del sauce suelen teñirse de rojo, y las flores, fieles al nombre de la planta, se abren al atardecer y se cierran por la mañana.

- **Hábitats preferidos:** La onagra es especialista en suelos alterados, tanto naturales como artificiales: claros de bosques, pastos, bordes de carreteras e incluso terrenos baldíos son todos hábitats potenciales para esta planta, que se encuentra en casi todos los estados de los 48 estados inferiores.

- **Matices estacionales:** Las raíces de la onagra se desarrollan durante el primer año y pasan el invierno, luego alimentan el rápido crecimiento de la planta en el segundo año. Esto significa que las raíces de las plantas en floración no serán muy buenas para comer, por lo que sólo coseche raíces de plantas de primer año. El mejor momento para cosechar es en otoño, después de que haya terminado la temporada de crecimiento, pero antes de que las partes superiores se marchiten y dificulten su identificación.

- **Beneficios nutricionales:** Las raíces de onagra son conocidas por su alto contenido en ácidos grasos omega-6 y antioxidantes.

- **Consejos de identificación:** Dado que las prímulas de segundo año son mucho más fáciles de detectar que las plantas de primer año, anote los lugares donde las vea florecer abundantemente y busque rosetas en las proximidades. Las flores en sí son de color amarillo brillante y bastante grandes, pero son más distintivas simplemente por su hábito de permanecer cerradas durante el día. Las hojas lanceoladas tienen un nervio central de color claro y un tinte rojizo en la base, y las plantas de primer año parecerán un montón de estas hojas clavadas en el suelo. Las propias raíces miden un par de centímetros y son marrones por fuera, pero deben tener una pulpa firme y de color blanco brillante.

- **Posibles parecidos/contrapartes venenosas:** Varias especies de *Oenothera* se parecen a la onagra común y también tienen raíces comestibles. En el Oeste la onagra alta (*Oenothera elata*) es la más extendida; suele tener flores mucho más grandes (de hasta tres pulgadas de diámetro), y aunque a menudo tiene un tallo rojo como la onagra común, sus hojas son generalmente todas verdes.

Raíces de zanahoria silvestre

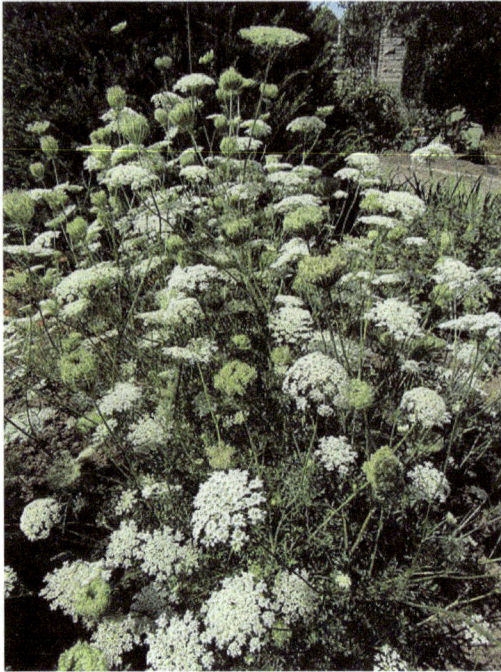

Zanahoria silvestre[55]

- **Características distintivas:** También llamadas carrotas, las zanahorias silvestres (*Daucus carota*) se identifican fácilmente por sus grandes racimos de flores blancas, cada uno con una única flor morada en el centro. Los tallos floridos pueden alcanzar de tres a cuatro pies de altura, y maduran en racimos de frutos que parecen pequeños nidos de pájaros. Sus raíces largas y ahusadas se parecen a las de sus primas las zanahorias domesticadas, aunque más pequeñas y menos coloridas.

- **Hábitats preferidos:** Las zanahorias silvestres son una especie exótica, originaria de Europa y Asia occidental. En Norteamérica suelen colonizar lugares alterados como pastos y terrenos baldíos, así como los bordes de los bosques.

- **Matices estacionales:** Al igual que muchas plantas con raíces comestibles, las zanahorias silvestres son bienales: el primer año, las plantas permanecen en rosetas de hojas de encaje, parecidas a las de los helechos, que persisten durante toda la temporada de crecimiento. Al verano siguiente, las plantas brotan, produciendo tallos altos y huecos coronados con sus características cabezas florales en forma de paraguas. Al igual que otras raíces bienales, deben cosecharse en el otoño del primer año.

- **Beneficios nutricionales:** Al igual que las zanahorias normales, las zanahorias silvestres son fuente de vitamina A, vitamina C, fibra y potasio.

- **Consejos de identificación:** Las hojas de la zanahoria silvestre son grandes, plumosas y huelen a zanahoria, y los tallos suelen ser peludos. Los racimos de flores casi siempre tienen una sola flor de color púrpura oscuro en el centro, que es única de la especie.

- **Posibles parecidas/contrapartes venenosas:** Los recolectores principiantes deben tener cuidado con la zanahoria silvestre, ya que se parece mucho (y puede encontrarse creciendo junto a ella) a la cicuta (*Conium maculatum*). La cicuta es extremadamente tóxica y puede ser mortal si se consume. A diferencia de la zanahoria silvestre, las hojas de la cicuta venenosa tienen un olor muy desagradable y los tallos son lisos, nunca vellosos, y suelen estar manchados de rojo o púrpura. Sus racimos florales también carecen de una flor central oscura, aunque no siempre está presente en las zanahorias silvestres. La chirivía silvestre también se parece a la zanahoria silvestre, pero es más fácil de distinguir: sus hojas son mucho menos «plumosas» que las de la zanahoria silvestre y sus flores son amarillas en lugar de blancas.

Raíces de diente de león

Raíces de diente de león[56]

- **Características distintivas:** Las raíces de diente de león son las raíces largas y cónicas de la planta del diente de león.

- **Hábitats preferidos:** Los dientes de león crecen casi en cualquier parte, pero son especialmente comunes cerca de asentamientos humanos: césped, jardines, bordes de carreteras, pastos e incluso aceras y aparcamientos.

- **Matices estacionales:** Las raíces de diente de león pueden recolectarse en cualquier época del año, pero es mejor hacerlo después de que las plantas hayan florecido, cuando están enviando carbohidratos a las raíces para prepararse para el invierno.

- **Beneficios nutricionales:** Las raíces del diente de león tienen un alto contenido en vitaminas A, C y K, así como en minerales como hierro, calcio y potasio.

- **Consejos de identificación:** Las raíces son pálidas, con un exterior marrón rojizo. Tienen un grosor bastante uniforme en toda su longitud y exudan un líquido blanco lechoso al romperlas o rebanarlas.

- **Posibles parecidos/contrapartes venenosas:** Muchas plantas de la familia del girasol se parecen al diente de león, algunas bastante: en el Oeste Montañoso, el diente de león de montaña (*Agoseris* spp.) es la más común y extendida. Ninguno es tóxico, aunque pueden ser menos apetecibles. Afortunadamente, los dientes de león pueden distinguirse con seguridad de todas las especies similares por sus tallos florales huecos y no ramificados, que exudan la misma savia lechosa que las raíces cuando se rompen.

Capítulo 5: Setas del Oeste Montañoso

Sin hongos, los bosques, tal y como los conoce, sencillamente no existirían. Para algunas personas, pensar en los hongos probablemente evoca imágenes de setas viscosas y malolientes que brotan en los rincones húmedos de un jardín después de una fuerte lluvia. No se les puede culpar: los hongos no tienen la reputación más glamurosa. Son los desvalidos, a menudo pasados por alto y menospreciados, pero su papel en el sostenimiento de los ecosistemas forestales es poco menos que esencial. Sin hongos, todo el sistema se paralizaría. Sería como intentar hornear un pastel sin harina: simplemente no funcionaría.

Los hongos son los grandes descomponedores del bosque. Nadie va a limpiar la hojarasca de hojas muertas, ramas e incluso los troncos de los árboles caídos por todo el suelo del bosque, pero de alguna manera, desaparecen. Son los hongos los que trabajan duro, descomponiendo toda esa materia orgánica muerta y reciclando los nutrientes de nuevo en el suelo. Es un trabajo ingrato, pero sin él, ¡los bosques estarían completamente asfixiados de restos en descomposición!

Los hongos son los grandes descomponedores del bosque[67]

Eso no es todo lo que hacen. Muchas especies de hongos han formado relaciones íntimas y de beneficio mutuo con los árboles y otras plantas del bosque. En estas asociaciones simbióticas, también llamadas relaciones micorrízicas, los hongos son los intermediarios, conectando a las plantas con recursos a los que no pueden acceder fácilmente por sí solas. Las plantas, por su parte, tienen una savia rica en azúcar de la que a los hongos les encanta alimentarse. Los hongos utilizan sus extensas redes subterráneas para recoger nutrientes y agua de difícil acceso y transportarlos de vuelta a las plantas. A cambio, obtienen tanta savia como necesitan.

Los hongos poseen una increíble red subterránea de hilos fúngicos, o hifas, que se extienden por hectáreas y hectáreas a través del suelo del bosque. Piense en el Internet secreto de los árboles y las plantas: una «telaraña de madera», por así decirlo. Estas vías fúngicas conectan las raíces de diferentes plantas, permitiéndoles comunicarse entre sí y compartir recursos. Es descabellado pensarlo, pero los árboles envían señales a través de esta red fúngica para advertirse mutuamente de cosas como plagas, sequía u otras amenazas en el horizonte. Los hongos funcionan como la superautopista de la información, transportando nutrientes y mensajes de un lado a otro para mantener en equilibrio todo el ecosistema forestal. Sin estas conexiones fúngicas, ¡el bosque sería un lugar mucho más solitario y frágil!

Anatomía y terminología básica de los hongos

Las setas, un tipo de hongo, son mucho más complejas que esos pequeños botones que ve en su pizza. Estos hongos tienen todas las formas, tamaños e incluso colores. Algunos son grandes y regordetes, otros diminutos y frágiles, pero todos tienen unas pocas partes generales del cuerpo que los unen.

La principal parte visible de un champiñón es el sombrero. El sombrero de una seta puede ser desde liso y arqueado hasta con volantes e irregular. Por debajo, debería encontrar un pie que sostiene el sombrero, aunque hay setas sin pie en absoluto, en las que el sombrero está prácticamente asentado sobre el suelo. Irradiando desde el pie se encuentran las laminillas, estructuras finas como el papel que producen las esporas de la seta. El color, el espaciado y el patrón de las laminillas son formas de identificar las diferentes especies de setas. Las esporas son la versión de las semillas del hongo. Así es como se propaga y reproduce. Dependiendo de la especie, las esporas pueden ser blancas, marrones, rosas o incluso púrpuras. Si se acerca, puede incluso ver unas estructuras con aspecto de hilo llamadas hifas, que constituyen la mayor parte del cuerpo subterráneo de la seta.

Conocer la anatomía básica de las setas está muy bien, pero lo que importa es ser capaz de identificar con precisión las distintas especies. No todas las setas son iguales, aunque algunas tengan el mismo aspecto. Algunas son perfectamente seguras para comer, mientras que otras le enfermarán de gravedad o incluso le matarán. No merece la pena arriesgarse a buscar setas silvestres a menos que sepa realmente lo que está haciendo. Un paso en falso y podría acabar en el hospital.

Consejos para la identificación de setas

- **Color de las esporas:** ¿Cuál es el color de las esporas del hongo? Lo sabrá realizando una prueba de esporas. Consiga un trozo de papel limpio y de color claro o un portaobjetos de cristal. Retire con cuidado el pie de la seta, dejando sólo el sombrero. A continuación, coloque el sombrero, con las laminillas hacia abajo, justo en el centro de su papel o portaobjetos. Déjelo reposar allí durante unas horas o toda la noche. Durante ese tiempo, el hongo liberará lentamente sus diminutas esporas, que caerán sobre la superficie de la prueba y dejarán una huella. Las diferentes especies dejarán esporas de diferentes colores, desde el blanco puro al negro púrpura intenso. El color de la huella de las esporas puede ayudarle a identificar la especie de seta.

- **Forma y textura del sombrero:** Compruebe la forma y la textura del sombrero de la seta. ¿Es plano, redondeado o en forma de paraguas? ¿La superficie es lisa, escamosa o un poco viscosa? Cualquier rasgo inusual, como verrugas o anillos, son pistas importantes sobre el tipo de seta que está manipulando.

- **Características del tallo:** Compruebe el pie y fíjese en el color, la textura y cualquier protuberancia o anillo extraño. Algunas setas venenosas tienen una base bulbosa o una falda en el pie. Estos detalles le ayudarán a distinguir entre las variedades comestibles y las que no lo son.

- **Disposición y color de las laminillas:** Las laminillas bajo el sombrero también son importantes. Las setas venenosas tienen a veces laminillas inusualmente blancas, rojas o sospechosamente brillantes. Fíjese también en cómo están espaciadas las laminillas y cómo se conectan al pie.

- **Hábitat y patrones de crecimiento:** La ubicación y el entorno donde encuentre una seta pueden indicarle qué tipo de seta podría ser. Diferentes setas prefieren tipos específicos de hábitats. A algunas les gusta crecer cerca de ciertos árboles, mientras que a otras les encantan determinadas condiciones del suelo. Por ejemplo, la seta que encuentre bajo un roble será de un tipo diferente a la que encuentre creciendo en la hierba. La forma en que crecen es otra pista. ¿Están solas o agrupadas? Algunas especies de setas son solitarias, mientras que otras crecen en racimos.

- **Olor y sabor:** Aunque nunca, nunca debe probar o comer una seta de la que no esté seguro, el olor y el sabor son pistas para su identificación. Algunas setas tienen un olor particular, como el olor fuerte y desagradable del hongo de la muerte o el aroma afrutado y anisado de ciertas especies comestibles.

- **Utilización de guías de campo:** Coteje siempre sus observaciones con guías de campo fiables o recursos en línea que contengan descripciones detalladas y fotos de las distintas especies de setas. No confíe en un sitio web cualquiera o en una guía casera que pueda llevarle en la dirección equivocada. Consiga guías de campo escritas por verdaderos expertos, como micólogos o buscadores de setas experimentados.

- **Únase a una sociedad micológica local:** Como miembro de una sociedad micológica local, tendrá acceso a su sabiduría colectiva. Estas personas han pasado años, si no décadas, estudiando las setas de esa región concreta. Conocen los entresijos de qué especies crecen dónde, cuáles son los rasgos identificativos clave y cuáles son seguras para el consumo. En lugar de quedarse mirando una seta misteriosa y rascarse la cabeza, lleve su espécimen a la reunión de su sociedad micológica local, describa dónde la encontró y deje que los expertos compartan lo que saben. Estos grupos también organizan viajes y talleres de búsqueda de setas, en los que podrá aprender técnicas prácticas de la mano de los expertos. Le enseñarán los mejores lugares para buscar, cómo recolectar adecuadamente sin dañar las redes de hongos y cómo procesar y preparar lo que encuentre.

Consideraciones de seguridad

- **Identificación adecuada:** Identificar con precisión las especies de setas es una necesidad absoluta, sin excepciones. Hay tantas formas, tamaños y colores que es fácil confundirlas, especialmente si es nuevo en la búsqueda de setas. No se fíe de un vistazo rápido: coteje sus hallazgos con varias guías de campo y hable con expertos locales en setas para mayor certeza.

- **Variaciones regionales:** Lo que se considera seguro y comestible en una parte del mundo puede ser tóxico en otra. Las especies de setas varían drásticamente según la región geográfica, así que no dé por sentado que una seta es segura para comer sólo porque la haya comido en otro lugar. Compruebe siempre las guías de identificación locales.

- **Parecidos tóxicos:** Incluso si cree que ha identificado una seta comestible, asegúrese al 100 % de que no se trata de una seta similar cercana que podría ser venenosa. Compruebe siempre dos, tres y cuatro veces esas identificaciones.

- **Reacciones alérgicas:** Un hongo puede ser considerado generalmente como comestible, pero eso no significa que su cuerpo vaya a estar de acuerdo. Algunas personas han tenido reacciones alérgicas inesperadas o sensibilidades personales a ciertas especies de hongos, así que cuando pruebe un nuevo hongo silvestre, empiece siempre con poco y preste atención a cualquier efecto secundario desagradable antes de llegar hasta el final.

- **Consideraciones sobre la cocción:** Algunas especies de setas se vuelven más venenosas cuando se cocinan, mientras que otras necesitan una preparación exhaustiva para descomponer sus toxinas. No es tan sencillo como saltearlas. Tiene que conocer los pormenores de los requisitos de cocción de cada seta para asegurarse de no ponerse en peligro.

Perfiles de las setas comestibles más comunes

Colmenilla (*Morchella* spp.)

Seta colmenilla[68]

- **Descripción:** Las colmenillas (género *Morchella*) son unas de las setas más reconocibles de la naturaleza. Tienen un sombrero esponjoso en forma de panal de dos a cinco pulgadas de alto y de una a tres pulgadas de ancho. Está unido a un pie blanco o pálido y hueco. El sombrero en sí puede ser desde amarillo pálido hasta marrón oscuro, según la especie de colmenilla de que se trate.

- **Hábitat:** Encontrará colmenillas creciendo cerca de la base de olmos, fresnos, robles y álamos temblones en zonas que han sido recientemente perturbadas por incendios, talas u otro tipo de actividades de gestión de la tierra.

- **Matices estacionales:** El momento de la temporada de la colmenilla está estrechamente ligado a las lluvias primaverales y a las temperaturas del suelo, por lo que el momento exacto puede fluctuar de un año a otro.

- **Beneficios nutricionales:** Las colmenillas son bajas en calorías y una buena fuente de proteínas, fibra, vitamina D, potasio y selenio.

- **Consejos de identificación:** Las colmenillas se parecen un poco a extrañas setas, con un tronco blanco y un sombrero cubierto de cámaras en forma de panal. Mire un poco más de cerca, sin embargo, y no verá ninguna laminilla, porque el sombrero está fusionado con el tallo y, más extraño aún, ¡toda la seta es hueca! Si puede recordar que las colmenillas siempre tienen los sombreros fusionados y los tallos huecos, será mucho más difícil dejarse engañar por setas similares.

Falsa colmenilla[59]

- **Posibles parecidos/contrapartes venenosas:** Las únicas setas que se parecen remotamente a las colmenillas son las llamadas «falsas colmenillas» (*Gyromitra* y *Verpa* spp.), algunas de las cuales están estrechamente emparentadas. Sus tallos pueden tener espacios vacíos en el interior, pero nunca son completamente huecos, y sus sombreros (que son arrugados, pero no cameriformes) no están fusionados al pie, sino que están unidos en la parte superior.

Gírgolas

Seta gírgola (*Pleurotus ostreatus*)[60]

- **Características distintivas:** Las gírgolas (*Pleurotus ostreatus*) tienen un sombrerillo en forma de abanico o de ostra de color blanco, gris, amarillo, azul o beige pálido. Los sombreros son suaves, aterciopelados, frágiles y ligeramente dulces. Los tallos son cortos y tienden a ser una prolongación del sombrero más que una estructura separada.

- **Hábitat:** Estos hongos crecen en racimos en troncos muertos o en descomposición de árboles de madera dura como el roble, el arce y el haya.

- **Matices estacionales:** A finales del verano es cuando verá el primer brote de gírgolas, sobre todo después de unas buenas lluvias. Podrá recolectarlas desde entonces hasta mediados de otoño. Todavía podrá encontrar algunas hacia finales del otoño, pero la cosecha se volverá más esporádica.

- **Beneficios nutricionales:** Las gírgolas son bajas en calorías, pero ricas en proteínas y fibra.

- **Consejos de identificación:** Las gírgolas crecen en grandes racimos que emergen de un único punto en un árbol o tronco caído. Los sombreros son asimétricos, a menudo con forma de riñón o concha de ostra, y suelen tener un aspecto plateado o brillante. Las laminillas de la parte inferior se extienden hasta parte del pie y se vuelven amarillas a medida que se desarrollan las esporas. El hongo entero tiene un olor suave, ligeramente dulce, que resulta inconfundible una vez que se conoce.

Seta de olivo (*Omphalotus olearius*)[n]

- **Posibles parecidos/contrapartes venenosas:** No hay muchas setas con laminillas que se parezcan a las gírgolas, y aún menos que crezcan directamente en los árboles. Las de olivo (*Omphalotus* spp.), que son ligeramente tóxicas, pueden confundirse con las gírgolas porque crecen en racimos a partir de madera muerta, y también tienen laminillas que se extienden por el pie. Sin embargo, son de color naranja brillante por todas partes, mientras que los pies y la carne de las gírgolas son blancos.

Porcini (*Boletus edulis*)

Porcini[62]

- **Características distintivas:** Los *porcini* (*Boletus edulis*), también llamados hongo pambazo o calabaza, son el tipo de boletus más codiciado. Son conocidos por sus grandes sombreros carnosos que abarcan el espectro de colores del blanco al marrón oscuro. Estos sombreros tienen textura de gamuza y crecen hasta 12 pulgadas de diámetro.

- **Hábitat:** En los bosques húmedos, los hongos *porcini* se encuentran adheridos a las raíces de coníferas y árboles de hoja marchita, como pinos, abetos, píceas y robles.

- **Matices estacionales:** La temporada de setas *porcini* en el Oeste Montañoso se extiende generalmente desde mediados de verano hasta principios de otoño, con el punto álgido en agosto y septiembre.

- **Beneficios nutricionales:** Las setas *porcini* aportan una buena cantidad de proteínas, fibra y vitamina D.

- **Consejos de identificación:** En Norteamérica, los hongos *porcini* crecen casi siempre bajo los pinos y otras coníferas. Sus sombreros pueden ser de color naranja a marrón y se parecen un poco a los panecillos de la cena, ¡en serio! Los sombreros suelen ser ligeramente pegajosos, especialmente en climas húmedos (aunque si el sombrero está viscoso, significa que la seta está empezando a descomponerse). Los pies son muy gruesos en comparación con otros boletus, especialmente cuando son jóvenes, y tienen un patrón de crestas en forma de red en la mitad superior. La carne debe ser de color blanco puro en toda su extensión y no debe cambiar de color al tocarla.

Rubroboletus eastwoodiae, un boletus común y ligeramente tóxico. Observe la carne teñida de azul, que cambia de color al magullarse o cortarse[68]

- **Posibles parecidos/contrapartes venenosas:** Existen muchas especies de boletus, y muchas de ellas son desagradables al paladar o tóxicas, por lo que debe tener cuidado con su identificación. La mayoría pueden distinguirse fácilmente, ya que son de diferente color: capuchones rojos en lugar de naranjas, pies amarillos en lugar de blancos, etcétera. Muchas también tienen carne o esporas que se vuelven azules cuando se exponen al aire. No hace falta decirlo, ¡pero no las coma! El que tiene más probabilidades de causar problemas es el falso boleto real (*Boletus huronensis)*, que se parece superficialmente a los *porcinis* en tamaño y color. Sus pies no tienen forma de red, o como mucho un poco por debajo del tallo, y su carne realmente SÍ se vuelve azul cuando se magulla. Sin embargo, los buscadores impacientes pueden no darse cuenta, ya que puede tardar media hora o más en cambiar y ser más bien tenue.

Matsutake (*Tricholoma matsutake*)

- **Características distintivas:** Las setas *matsutake* (*Tricholoma matsutake*) tienen un sombrero robusto y carnoso que puede ser de color marrón rojizo a bronceado pálido. El sombrero tiene forma de cúpula cuando la seta es joven, aplanándose gradualmente a medida que la seta madura.

- **Hábitat:** El matsutake crece en zonas con bosques maduros de coníferas, especialmente pinos, abetos o cedros. Crece solitario o en pequeños grupos, anidado entre la hojarasca y las agujas de pino del suelo del bosque.

- **Matices estacionales:** Las setas *matsutake* hacen su aparición a finales del verano y principios del otoño, con la temporada alta de agosto a octubre.

- **Beneficios nutricionales:** Los *matsutakes* son una rica fuente de proteína, fibra dietética, vitamina D, riboflavina y niacina.

- **Consejos de identificación:** El tronco del *matsutake* es muy grueso y fibroso. Debe estar parcialmente incrustado en la tierra, dando a la base un aspecto un poco bulboso. El color del tronco es generalmente blanquecino limpio, aunque puede adquirir algunos tonos marrones o rojizos a medida que la seta envejece. Palpe el pie para ver si capta una textura escamosa a lo largo de su longitud. El rasgo más distintivo del *matsutake* es su olor, que es acre y picante, mucha gente lo compara con la canela. Este olor fuerte y picante es único entre las setas, ¡y sólo debe recolectar ejemplares que pueda distinguir por el olfato!

Hongo de la muerte (*Amanita phalloides*)[65]

- **Posibles parecidos/contrapartes venenosas:** Cuidado con el hongo de la muerte (*Amanita phalloides*). Este hongo puede parecerse al *matsutake* porque ambos tienen el sombrero de color parduzco y tallos gruesos y fibrosos. Sin embargo, el hongo de la muerte tiene un color general más claro, un pie más delgado y una volva (un saco en la base del pie) que parece un huevo del que ha salido la seta; por otro lado, el *matsutake* tiene un tallo grueso y enraizado, pero no tiene volva. El hongo de la muerte también huele muy diferente: los ejemplares jóvenes huelen dulce, pero a medida que envejecen esto cambia a un olor nauseabundo que debería advertirle no comerlo.

Hongo coral coronado (*Artomyces pyxidatus*)

Hongos coral[66]

- **Características distintivas:** Los hongos coral coronados se describen mejor como alienígenas. Sus ramas parecen un haz de delgados tentáculos que se elevan desde el suelo del bosque, cada uno rematado por un anillo en forma de corona de ramas aún más pequeñas que da nombre al hongo.

- **Hábitat:** Los hongos coral coronados se encuentran entre los pocos hongos coral que crecen directamente en la madera muerta de árboles de hoja caduca: álamos temblones, álamos, sauces y arces se encuentran entre los huéspedes más comunes.

- **Matices estacionales:** La mejor época para recolectar los hongos coral coronados es desde finales de verano hasta principios de otoño.

- **Beneficios nutricionales:** Los hongos coral coronados son bajos en calorías, pero ricos en vitamina C, potasio y selenio.

- **Consejos de identificación:** Los hongos coral coronados tienen un aspecto muy diferente al de la mayoría de las demás setas: fieles a su nombre, se parecen más a un coral que a un hongo, con tallos profusamente ramificados que están coronados por «coronas» de tres a seis ramas diminutas. Los hongos coral coronados también son duros y ligeramente quebradizos, no esponjosos.

Falso hongo coral[67]

- **Posibles parecidos/contrapartes venenosas:** Hay muchas especies de hongos coral que se parecen al hongo coral coronado: algunas son comestibles, otras no. La mayoría crecen en la hojarasca o en la materia orgánica del suelo, por lo que ceñirse a los ejemplares que crecen en troncos le ayudará a evitar muchos parecidos potenciales. Otros «falsos corales» pueden identificarse por sus extraños colores, o porque sus ramas no tienen corona. Afortunadamente, sólo unas pocas especies son realmente tóxicas, y ninguna se encuentra en el Oeste Montañoso.

Hongo langosta

Hongo langosta (*Hypomyces lactifluorum*)[68]

109

- **Características distintivas:** El hongo langosta (*Hypomyces lactifluorum*) no es en realidad una seta; es un hongo parásito que ha secuestrado y transformado otra especie de seta, ya sea una especie de *Russula* o de *Lactarius*. El parásito infecta estas setas, las ablanda y les da una coloración roja y blanca que recuerda a la langosta cocida, así como un sabor que se ha descrito como sorprendentemente similar.

- **Hábitat:** Los hongos langosta prefieren los bosques antiguos de coníferas y mixtos en los que haya píceas, abetos o pinos.

- **Matices estacionales:** El parásito infecta los hongos a principios de primavera y verano. A mediados o finales del verano, la infección se extiende lentamente hasta que los huéspedes enrojecen por completo. Los hongos langosta deben estar listos para su recolección a principios de verano o principios de invierno.

- **Beneficios nutricionales:** Los hongos langosta contienen cobre, algo de fibra y pequeñas cantidades de vitaminas B y D.

- **Consejos de identificación:** Muchas especies diferentes de setas pueden ser parasitadas por el hongo langosta, por lo que varían bastante en tamaño y forma. Lo principal que hay que buscar es el color rojo anaranjado brillante, causado por el hongo parásito. Cubre el pie, las laminillas y los capuchones, dejando todo el hongo de un color uniforme. Sin embargo, al igual que las langostas reales, las setas no son rojas en su totalidad: corte una por la mitad y verá que es sólo una fina capa sobre una seta que es blanca en su totalidad.

- **Posibles parecidos/contrapartes venenosas:** Los hongos langosta no tienen verdaderos semejantes: otros hongos pueden tener sombreros rojos, como la mosca agárica (*Amanita muscaria*), o tallos rojos, como el boleto de Satanás (*Rubroboletus satanas*), pero no serán de color rojo brillante por todas partes y si los corta, verá que la coloración se extiende al menos en parte también a la carne.

Seta coliflor

Seta coliflor (*Sparassis crispa*)[60]

- **Características distintivas:** Las setas coliflor (*Sparassis crispa*) crecen de cuatro a diez pulgadas de ancho y tienen un sombrerillo enroscado y prolijamente agrupado que coincide con los ramilletes de su hortaliza homónima. Los sombreros son de color blanco a gris pálido, mostrando a veces toques de amarillo o marrón a medida que envejecen.

- **Hábitat:** Los hongos coliflor se encontrarán en racimos en las bases o tocones de árboles de madera dura, especialmente robles, álamos temblones y arces.

- **Matices estacionales:** Las setas coliflor son visibles en el suelo del bosque a finales del verano, hacia agosto o septiembre, cuando las temperaturas se enfrían y las lluvias arrecian, pero con la misma rapidez con la que llegan, desaparecen. Su mejor apuesta para encontrarlas es después de fuertes lluvias.

- **Beneficios nutricionales:** Las setas coliflor contienen altas cantidades de vitamina D y niveles justos de vitaminas del grupo B, cobre y selenio.

- **Consejos de identificación:** La característica más definitoria es la compleja estructura de aspecto de cerebro del sombrero. A diferencia de muchas otras setas que tienen la parte superior lisa y redondeada, el sombrero de la coliflor es un conjunto de lóbulos ondulados y con volantes. El pie es muy corto y grueso, más parecido a un tallo que a un pie de seta tradicional. Las setas coliflor más viejas deben tener un aspecto crema o beige, pero nunca gris u otros tonos más oscuros que puede ver en otras especies de setas silvestres.

- **Posibles parecidos/ contrapartes venenosas:** Esta es una seta para principiantes sin verdaderos parecidos o gemelos tóxicos. Cuando la vea, lo sabrá. *El único problema es encontrarla.*

Seta de tinta (*Coprinus comatus*)

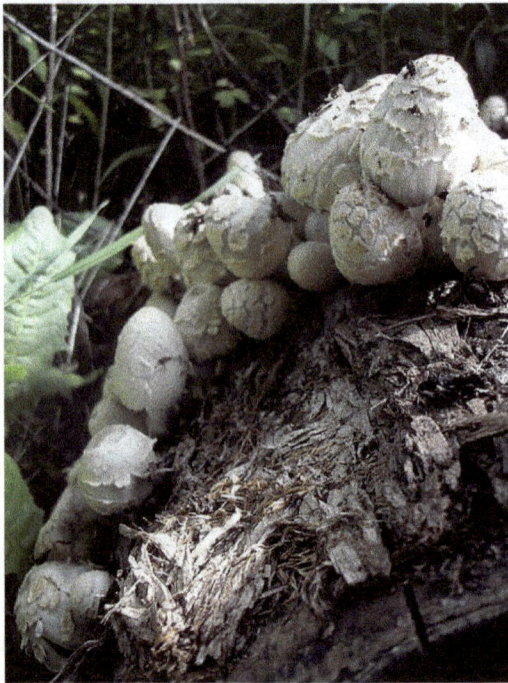

Seta de tinta (*Coprinus comatus*)[70]

- **Características distintivas:** La seta de tinta recibe su nombre del gorro desgreñado en forma de campana que surge del suelo. El sombrero comienza siendo blanco, pero rápidamente se vuelve negro tinta y se suaviza a medida que madura, casi como si se derritiera. El pie es largo y delgado, de hasta 15 cm de altura, con una falda en forma de anillo alrededor del centro. A medida que el sombrero se abre, notará unas laminillas oscuras que empiezan siendo blancas, pero rápidamente se vuelven negras.

- **Hábitat:** A los melenudos les encantan las zonas cubiertas de hierba y alteradas, como césped, jardines y a lo largo de los bordes de las carreteras. Prefieren el clima húmedo y es probable que aparezcan poco después de una buena lluvia.

- **Matices estacionales:** Las melenas desgreñadas son visibles en otoño, tras las primeras lluvias fuertes de la temporada. Tienen un periodo de madurez relativamente corto porque los sombreros se vuelven negros y líquidos como la tinta a medida que envejecen. El mejor momento para recolectarlas es cuando los capuchones son aún jóvenes y tienen forma de huevo antes de autodestruirse.

- **Beneficios nutricionales:** La seta de tinta es una fuente confiable de fibra y proteínas.

- **Consejos de identificación:** El sombrero de la seta de tinta parece un paraguas sin abrir: largo y angosto, estrechamente ajustado al pie (que es hueco), y distintivamente escamoso o greñudo. En realidad, las setas recién emergidas se parecen más a los bastoncillos de algodón que a los paraguas, y para cuando el sombrero empiece a abrirse, ya se estará volviendo negro como la tinta y pegajoso en los bordes. La seta entera emergerá, se abrirá y se derretirá en un charco irreconocible de baba entintada en el espacio de una tarde. Aunque los ejemplares más viejos no tienen un aspecto muy apetitoso, todavía se pueden comer, ¡y algunos buscadores de setas dicen incluso que saben mejor!

Oronja cheposa (*Amanita virosa*)[71]

- **Posibles parecidos/contrapartes venenosas:** El parecido más problemático es la oronja cheposa (*Amanita virosa*). Esta seta es completamente blanca, igual que la seta tinta, por lo que pueden confundirse, pero el sombrero de la oronja es liso y mucho más abierto; si mira por debajo verá una fina «falda» de tejido justo debajo del sombrero, que las setas de tinta no tienen.

Pollo del bosque

Pollo del bosque (*Laetiporus sulphureus*)[73]

- **Características distintivas:** Este hongo es difícil de confundir cuando sabe lo que está buscando. El nombre de «pollo del bosque» proviene del asombroso parecido de la seta con el pollo cocido, tanto en textura como en sabor.

- **Hábitat:** El pollo del bosque crece principalmente en maderas duras, especialmente roble (*Quercus*), haya (*Fagus*) y álamo (*Populus*). Ocasionalmente crece también en coníferas, especialmente falsos abetos (*Tsuga*), pero los hongos que crecen en estos árboles pueden ser tóxicos y deben evitarse.

- **Matices estacionales:** El pollo del bosque fructifica desde finales de primavera hasta el otoño, saliendo del mismo lugar del árbol año tras año (generalmente a la altura de la cabeza o más arriba). Son mejores al principio de la temporada, cuando los sombreros son jóvenes, firmes y de colores vivos; a medida que maduran, se endurecen y se vuelven menos apetecibles.

- **Beneficios nutricionales:** El pollo de bosque es una de las mejores fuentes de proteína, ya que contiene entre un 20 y un 30 % de proteína en peso seco. También contiene antioxidantes y fibra prebiótica.

- **Consejos para su identificación:** Su increíble color es probablemente lo primero que notará. El pollo del bosque tiene sombreros amarillo naranjas casi fluorescentes que no parecen naturales. Los propios sombreros crecen bastante, alcanzando a veces más de 30 cm de ancho cuando están completamente maduros. Lo encontrará en racimos superpuestos y escalonados o «repisas» que sobresalen de los lados de troncos de árboles, tocones o troncos caídos. La parte inferior tiene poros diminutos, apenas visibles, en lugar de laminillas, lo que ayuda a diferenciarlo de algunas especies parecidas. Casi siempre encontrará pollo del bosque creciendo justo en los troncos o tocones de árboles de madera dura, nunca en el suelo, y el árbol huésped específico también ayudará a confirmar la identificación.

- **Posibles parecidos/contrapartes venenosas:** El pollo del bosque es casi imposible de confundir con otra cosa. Unas pocas especies de hongos de estante pueden tener bandas de colores que parecen superficialmente similares, como la cola de pavo (*Trametes versicolor*), pero ninguna tiene la combinación distintiva de capuchones de color naranja brillante con bordes amarillos. Ninguno es tóxico, aunque pocos de ellos se consideran comestibles debido a su carne dura y leñosa.

Hongos tóxicos del Oeste Montañoso

- **Hongo de la muerte**

El hongo de la muerte es una de las setas más mortíferas del mundo. Crece cerca de las raíces de robles, pinos y otros árboles de madera dura, esperando engañar a los buscadores desprevenidos. Su sombrero es liso, de color verde pálido a blanco, y puede crecer hasta 12 pulgadas de ancho. El pie también es blanco y alto, con un evidente anillo a su alrededor. Debajo del sombrero, encontrará laminillas blancas que están libres del pie. La mayor pista de que está ante un hongo de la muerte es el gran anillo en forma de falda. Este anillo es un resto del velo universal que envolvía al hongo inmaduro.

- **Oronja cheposa**

La oronja cheposa es de color completamente blanca, desde el sombrero liso y redondeado hasta el tallo grueso y alto. Aquí no hay un anillo grande y obvio, pero tiene una falda delgada y frágil más arriba en el pie. Es importante destacar que las laminillas también son blancas y están libres del pie. Este atuendo totalmente blanco hace que sea fácil de confundir con setas comestibles como la seta de los prados o la seta de tinta. Esté atento a este embaucador en los bosques de coníferas o mixtos.

- *Galerina marginata*

También conocida como campanilla funeraria, esta pequeña seta marrón es extremadamente venenosa. La campanilla funeraria tiene un sombrero pequeño, marrón y convexo que se vuelve más plano a medida que madura. Las laminillas son de color marrón óxido y el pie también es fino y marrón, normalmente con un pequeño faldón. Esta pequeña seta anodina es casi idéntica al hongo de la miel comestible, salvo por la huella de esporas marrones que deja (el hongo de la miel tiene huellas de esporas blancas). Las especies de Galerina crecen en racimos en la base de los árboles o sobre madera en descomposición.

Galerina mortal (*Galerina marginata*)[78]

Consejos para una recolección sostenible

- Cuando coseche, retuerza y tire suavemente de los sombreros de las setas. Deje intacta la red de hongos subterránea (micelio) para que las setas puedan seguir creciendo.

- Coja sólo una pequeña parte de las setas que encuentre. Deje muchas para que haya suficiente para todos, incluida la fauna salvaje.

- Recójalas por la mañana o por la noche, cuando las setas estén frescas. Evite recogerlas durante el caluroso sol del mediodía, cuando podrían estar secándose.

- Aprenda cuándo emergen sus setas preferidas para recolectarlas sólo cuando estén en su mejor momento.

- Cortar los pies de los hongos con un cuchillo es mejor que arrancarlos. Así se mantiene intacta la red subterránea.

- Cuando salga a forrajear, pise sólo caminos o rocas. No pise todo el suelo del bosque ni compacte la tierra, ya que podría dañar los hongos.

- Cuando esté recolectando, despliéguese y cubra más terreno en lugar de quedarse en un solo lugar. Así no dejará vacía toda una zona.

- Cepille cualquier resto de suciedad, pero no lave las setas hasta que esté listo para cocinarlos. Lavarlas demasiado pronto hace que se estropeen más rápido.

- Si encuentra una seta que no puede identificar, tome algunas fotos y comuníqueselo a los expertos locales en setas. Quizá puedan decirle algo más.

- Si lo desea, comunique sus avistamientos de setas y sus datos de búsqueda de alimentos a los proyectos de ciencia ciudadana en línea. Esa información ayuda a los investigadores a estudiar los ecosistemas fúngicos.

Capítulo 6: Cocinar comestibles silvestres: doce recetas fáciles

Acaba de volver a casa con una cesta llena de verduras, setas, raíces y bayas, ¿qué es lo siguiente? Cocinar y comer, obviamente. Una vez identificadas sus plantas comestibles, la parte de cocinar es bastante sencilla. Las verduras, flores y bayas silvestres son naturalmente más delicadas que sus homólogas cultivadas, por lo que sólo necesitan una cocción mínima para realzar sus sabores. Las raíces y las setas pueden requerir un poco más de trabajo de preparación, pero la comida en sí merece el esfuerzo.

Cree las comidas más deliciosas utilizando sus productos recién recolectados[74]

He aquí algunos consejos generales para cocinar con plantas silvestres:

- Dé un buen lavado a sus hallazgos forrajeros para eliminar la suciedad, los insectos u otros trozos no deseados. Una centrifugadora de ensalada es estupenda para las verduras.

- Utilice sus ingredientes silvestres rápidamente. Son más perecederos que los productos comprados en la tienda, así que cómalos o consérvelos cuanto antes.

- Empiece despacio cuando pruebe un nuevo alimento silvestre. Algunas plantas pueden causarle problemas digestivos, sobre todo si no está acostumbrado a ellas.

- Experimente con distintas técnicas culinarias como saltear, cocer al vapor o encurtir.

- En caso de duda, NO lo coma.

Doce recetas fáciles

Tortitas de flor de diente de león

Tortitas de flor de diente de león[75]

Ingredientes:

- 1 taza de harina
- 2 cucharaditas de polvo de hornear
- 1 cucharada de azúcar
- 1/2 cucharadita de sal
- 1 taza de leche
- 1 huevo
- 2 cucharadas de mantequilla derretida
- 1 taza de flores de diente de león

Instrucciones:

1. Bata la harina, el polvo de hornear, el azúcar y la sal en un bol.
2. En un bol aparte, bata la leche, el huevo y la mantequilla derretida.
3. Vierta los ingredientes húmedos en los secos y remueva justo hasta que se mezclen (no mezcle en exceso).
4. Agregue los pétalos de la flor de diente de león.
5. Caliente una sartén ligeramente engrasada a fuego medio.
6. Vierta la masa en cucharadas de 1/4 de taza sobre la superficie caliente. Cocínelas de 2 a 3 minutos por cada lado hasta que estén doradas.
7. Sirva la tortita caliente con sus ingredientes favoritos.

Chutney de cerezas de Virginia

Ingredientes:

- 2 tazas de cerezas de Virginia, lavadas y sin tallos
- 1 taza de vinagre de sidra de manzana
- ½ taza de azúcar morena
- 1 cebolla pequeña picada
- 2 dientes de ajo picados
- 1 cucharadita de jengibre molido
- ½ cucharadita de canela molida
- ¼ cucharadita de clavo molido
- ¼ cucharadita de sal

Instrucciones:

1. Vierta todos los ingredientes en una cacerola mediana y mézclelos.
2. Llévelo a ebullición a fuego medio-alto y, a continuación, redúzcalo a fuego lento.
3. Caliente a fuego lento de 20 a 25 minutos, removiendo de vez en cuando hasta que las bayas se hayan deshecho y el chutney haya espesado.
4. Déjelo enfriar completamente antes de pasarlo a un recipiente hermético.
5. Consérvelo en el frigorífico hasta por dos semanas.

Estofado de raíces

Ingredientes:

- 2 cucharadas de aceite de oliva
- 1 cebolla picada
- 3 dientes de ajo picados
- 1 libra de raíces silvestres variadas (bardana, zanahoria silvestre, alcachofas, etc.), peladas y picadas
- 4 tazas de caldo de verduras o de huesos
- 1 hoja de laurel
- 1 cucharadita de tomillo seco
- 1 cucharadita de sal
- ½ cucharadita de pimienta negra

Instrucciones:

1. Caliente el aceite de oliva en una olla grande o en una olla holandesa a fuego medio.
2. Añada la cebolla y el ajo y saltee durante 2 o 3 minutos hasta que adquiera el aroma a cebolla dulce.
3. Añada las raíces silvestres picadas, el caldo, la hoja de laurel, el tomillo, la sal y la pimienta.
4. Déjelo hervir, luego reduzca el fuego y caliente a fuego lento durante 25 o 30 minutos hasta que las raíces estén muy blandas.
5. Retire la hoja de laurel. Pruébelo y rectifique la sazón según sea necesario.
6. Sírvalo caliente, adornado con hierbas frescas si lo desea.

Buñuelos de cebolla silvestre

Ingredientes:

- 1 taza de cebollas silvestres, puerros silvestres o cebollinos, finamente picados
- 1 taza de harina
- 1 cucharadita de polvo de hornear
- ½ cucharadita de sal
- ¼ cucharadita de pimienta negra
- 1 huevo
- ½ taza de leche

Aceite vegetal para freír Dip de yogur y hierbas:

- 1 taza de yogur natural
- 2 cucharadas de hierbas frescas picadas (eneldo, perejil, cebollino)
- 1 cucharada de zumo de limón
- ¼ cucharadita de sal

Instrucciones:

1. Prepare el dip mezclando todos los ingredientes en un bol pequeño. Cúbralo y póngalo a enfriar hasta el momento de utilizarlo.
2. En otro bol, bata la harina, el polvo de hornear, la sal y la pimienta.
3. Tome un bol para batir el huevo y la leche juntos.
4. Mezcle bien los ingredientes húmedos y secos. Incorpore las cebollas silvestres picadas.
5. En una sartén grande, caliente el aceite vegetal a fuego medio-alto.
6. Vierta la masa a cucharadas colmadas y colóquela con cuidado en el aceite caliente. Fríala de 2 a 3 minutos por cada lado hasta que adquiera un aspecto dorado.
7. Escurra los buñuelos en un plato forrado con papel absorbente y sírvalos calientes con el dip de yogur.

Crumble de frutos del bosque

Ingredientes:

- 2 tazas de bayas silvestres, lavadas y sin tallo
- ½ taza de harina
- ½ taza de avena tradicional
- ⅓ taza de azúcar morena
- ¼ de taza de mantequilla sin sal, fría y cortada en cubos
- ¼ cucharadita de canela molida
- ¼ cucharadita de sal

Instrucciones:

1. Precaliente el horno a 375°F. Engrase una bandeja de horno de 8x8 pulgadas.
2. Pique las bayas silvestres en un bol.
3. Tome otro bol y mezcle la harina, la avena, el azúcar morena, la canela y la sal. Incorpore la mantequilla fría con un tenedor, un cortapastas o las manos limpias hasta que logre muchas migas gruesas.
4. Esparza las bayas en la bandeja de horno preparada. Cubra uniformemente con las migas.
5. Hornee de 30 a 35 minutos o hasta que las migas estén doradas y los jugos burbujeen.
6. Déjelo enfriar durante 15 minutos antes de servirlo.

Sopa de colmenillas

Sopa de colmenillas[76]

Ingredientes:

- 2 cucharadas de mantequilla sin sal
- 1 cebolla picada
- 3 dientes de ajo picados
- 1 libra de colmenillas frescas, partidas por la mitad o en cuartos si son grandes
- 4 tazas de caldo de pollo o de verduras
- 1 taza de leche y nata a partes iguales
- 2 cucharaditas de tomillo seco
- 1 cucharadita de sal
- ½ cucharadita de pimienta negra

Instrucciones:

1. Derrita la mantequilla en una olla grande a fuego medio. Añada la cebolla y el ajo y cocínelos de 3 a 4 minutos.
2. Incorpore las colmenillas y cuézalas de 5 a 7 minutos.
3. Vierta el caldo y espere a que hierva a fuego lento. Reduzca el fuego y deje cocer la sopa durante 15 minutos.
4. Añada la leche y la nata, el tomillo, la sal y la pimienta. Pruébelo y ajuste el picante a su gusto.
5. Sírvalo caliente, adornado con tomillo extra, cebollino o lo que desee.

Sorbete de fresas silvestres

Ingredientes:

- 2 tazas de fresas silvestres, lavadas y sin hoja
- ¾ de taza de azúcar granulada
- 2 cucharadas de zumo de limón fresco

Instrucciones:

1. Triture las fresas en un procesador de cocina o una batidora hasta obtener una pasta homogénea.
2. Mezcle el puré de fresas, el azúcar y el zumo de limón en una cacerola y póngalo a fuego medio, removiendo de vez en cuando hasta que el azúcar se haya disuelto por completo.
3. Vierta la mezcla en una bandeja de horno poco profunda y congélela durante 2 horas, removiéndola cada 30 minutos hasta que muestre signos de cuajado en los bordes.
4. Transfiera el sorbete parcialmente congelado a un procesador de cocina y tritúrelo hasta que quede suave y cremoso.
5. Vuelva a colocar el sorbete en la bandeja de horno y congélelo de nuevo, durante otras 2 o 3 horas hasta que esté completamente congelado.
6. Sírvalo inmediatamente o guárdelo en un recipiente hermético en el congelador hasta por dos semanas.

Gin Fizz de bayas de enebro

Ingredientes:

- ½ taza de bayas de enebro frescas, machacadas
- 1 taza de ginebra
- ¼ de taza de miel
- 1 taza de soda
- Rodajas de limón para servir

Instrucciones:

1. Vierta las bayas de enebro machacadas en un tarro o recipiente hermético. Añada la ginebra. Ciérrelo y déjelo infusionar de 24 a 48 horas en el frigorífico.

2. Cuele la ginebra a través de un colador de malla fina, presionando sobre las bayas para extraer todo el líquido posible. Deseche los sólidos.

3. Mezcle la ginebra infusionada y la miel en una jarra hasta que la miel se haya disuelto por completo.

4. Llene los vasos con hielo y vierta la mezcla de ginebra por encima. Cubra cada vaso con soda y una rodaja de limón.

Gírgolas a la mantequilla de ajo

Ingredientes:

- 1 libra de gírgolas frescas, limpias y desmenuzadas o cortadas en trozos del tamaño de un bocado
- 3 cucharadas de mantequilla sin sal
- 3 dientes de ajo picados
- 1 cucharadita de tomillo seco
- ¼ cucharadita de hojuelas de chile rojo (opcional)
- Sal y pimienta negra para sazonar
- Perejil fresco picado para adornar

Instrucciones:

1. Derrita la mantequilla en una sartén a fuego medio-alto. Añada el ajo picado y sofríalo durante 1 minuto hasta que pueda olerlo.

2. Añada a la sartén las gírgolas desmenuzadas o cortadas en láminas. Saltéelas de 5 a 7 minutos, dándoles la vuelta a intervalos hasta que las setas estén blandas y empiecen a dorarse.

3. Espolvoree el tomillo seco y las hojuelas de chile rojo (si las utiliza). Sazone generosamente con sal y pimienta negra.

4. Continúe la cocción durante otros 2 o 3 minutos, dando tiempo a que las setas se impregnen de la salsa de mantequilla con ajo y hierbas.

5. Retírelo del fuego y pase las gírgolas untadas con mantequilla a una fuente de servir.

6. Adorne con perejil fresco picado y sirva inmediatamente con pan crujiente, carnes asadas o sus guarniciones favoritas.

Pudín de semillas de chía

Pudín de semillas de chía[77]

Ingredientes:

- ¼ de taza de semillas de chía
- 1½ tazas de leche (láctea, vegetal, etc.)
- 2-3 cucharadas de sirope de arce o miel
- 1 cucharadita de extracto de vainilla
- ¼ cucharadita de canela molida (opcional)
- Fruta fresca, frutos secos, coco u otros ingredientes (opcional)

Instrucciones:

1. Vierta las semillas de chía, la leche, el sirope de arce/miel y el extracto de vainilla en un bol y mézclelos bien.
2. Incorpore la canela molida si la utiliza.
3. Tape el bol y refrigere durante al menos 4 horas o toda la noche. Las semillas de chía espesarán la mezcla hasta darle consistencia de pudín.
4. Una vez que haya espesado, bata el pudín. Pruébelo y añada más edulcorante si lo desea.
5. Vierta el pudin de chía en cuencos o tazas para servir por separado.
6. Cubra con la fruta fresca que prefiera, nueces, coco o cualquier otro aderezo.
7. Sírvalo frío. Las sobras se conservarán en el frigorífico hasta por 5 días.

Cebollas silvestres encurtidas

Ingredientes:

- 1 libra de cebollas silvestres frescas, sin tallo y cortadas en rodajas de ¼ de pulgada
- 1 taza de vinagre de sidra de manzana
- ¼ de taza de agua
- 2 cucharadas de azúcar granulada
- 2 cucharaditas de sal kosher
- 1 cucharadita de granos de pimienta negra entera
- 2 hojas de laurel

Instrucciones:

1. Ponga las cebollas silvestres cortadas en rodajas en un cuenco.
2. Añada el vinagre, el agua, el azúcar y la sal a una olla y déjelo hervir. Remueva mientras hierve para disolver el azúcar.
3. Retire la mezcla de vinagre del fuego y viértala sobre las cebollas silvestres. Añada los granos de pimienta y las hojas de laurel.
4. Deje que las cebollas se enfríen completamente a temperatura ambiente, después cúbralas y refrigérelas durante al menos 2 horas o hasta 1 semana.
5. Las cebollas encurtidas se conservarán en el frigorífico hasta por un mes.

Pollo del bosque salteado

Ingredientes:

- 1 libra de setas de pollo de bosque, limpias y cortadas en láminas
- 2 cucharadas de mantequilla
- 2 dientes de ajo picados
- 1 cucharadita de hojas de tomillo fresco
- Sal y pimienta para sazonar
- Perejil picado para adornar (opcional)

Instrucciones:

1. Derrita la mantequilla en una sartén a fuego medio-alto.

2. Añada el pollo de bosque cortado en rodajas y sofríalo de 5 a 7 minutos o hasta que adquiera un aspecto dorado.

3. Incorpore el ajo picado y el tomillo. Cocine durante 2 minutos más.

4. Sazone con tanta sal y pimienta como desee.

5. Retírelo del fuego y páselo a una fuente de servir.

6. Adorne con perejil picado si lo desea y sírvalo como guarnición o añadido a otras recetas.

Capítulo 7: Plantas medicinales del Oeste Montañoso

El uso de plantas para la curación tiene sus raíces profundamente arraigadas en la historia de muchas culturas antiguas de todo el mundo. Los antepasados humanos han recurrido al mundo natural en busca de remedios curativos durante más tiempo del que pueda imaginar. Apreciaban las propiedades y los poderes intrínsecos de las hierbas y las flores mucho antes de que apareciera la medicina moderna. Mire el Papiro Ebers, por ejemplo. Es un antiguo texto médico egipcio que data del año 1550 a.C., y en él están documentados más de 800 remedios diferentes a base de plantas. También existe la Medicina Tradicional China (MTC), una práctica que existe desde hace siglos, ferozmente dedicada a utilizar brebajes de hierbas para devolver el equilibrio al organismo. Las culturas antiguas comprendieron cómo las propiedades energéticas y terapéuticas de las distintas plantas podían ayudar a las personas a sentirse lo mejor posible. Por aquel entonces no disponían de la medicina moderna, pero contaban con una extraordinaria riqueza de sabiduría basada en las plantas de la que no temían nutrirse. Muchos de esos conocimientos se han transmitido y siguen siendo relevantes hoy en día, incluso cuando el sistema sanitario está ahora muy tecnificado y centrado en los productos farmacéuticos.

Como alternativa a tomar una pastilla para enmascarar los síntomas, los remedios a base de hierbas y plantas están diseñados para ayudar a su cuerpo a curarse a sí mismo. Increíble, ¿verdad? Estas terapias reconocen que el cuerpo, la mente y el espíritu están conectados, por lo que trabajan para abordar las causas profundas del problema, no sólo para ponerle una curita. Afortunadamente, gran parte de esta antigua sabiduría vegetal tiene ahora el respaldo de la investigación científica moderna, así que quizá la gente pueda aprender un par de cosas de nuestros antepasados amantes de las plantas y reconsiderar la potencia de la farmacia de la naturaleza.

Ahora bien, si se pregunta si las plantas son igual de riesgosas que los medicamentos, no se equivoca. Al igual que cualquier fármaco, las plantas medicinales pueden plantear algunos riesgos si no se utilizan de forma responsable. Muchas de estas hierbas y productos botánicos se han utilizado de forma segura durante siglos, pero incluso los antiguos sabían que debían asegurarse de que entendían con qué estaban tratando antes de probar algo nuevo. Por eso es necesario trabajar en estrecha colaboración con un profesional sanitario cualificado, como un herbolario o un médico naturista titulado, antes de añadir a su rutina cualquier remedio a base de plantas. El autodiagnóstico y la automedicación son peligrosos, especialmente cuando se trata de potentes medicinas naturales. Podría acabar sufriendo dolorosos efectos secundarios o desafortunadas interacciones si no sabe lo que hace. Así que, por favor, investigue, busque ayuda profesional y anteponga siempre su seguridad.

Plantas medicinales del Oeste Montañoso

Milenrama

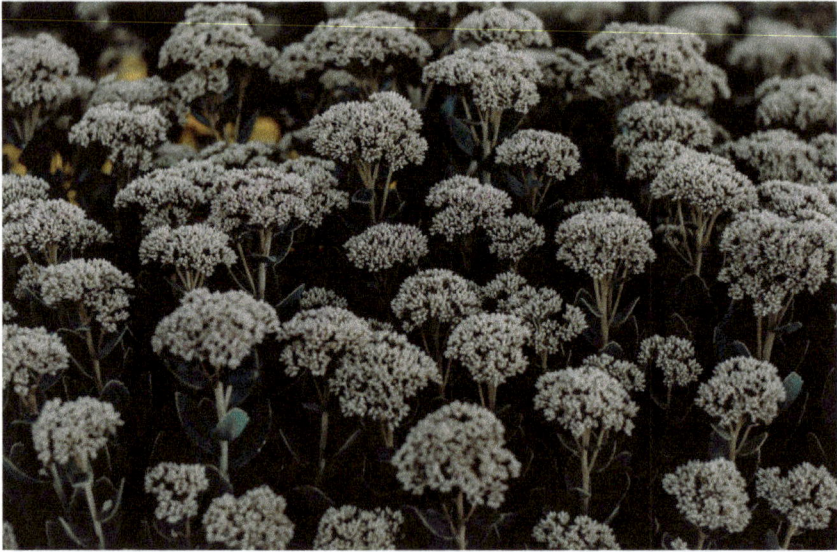

Milenrama[79]

- **Descripción:** La milenrama es una de las flores silvestres comunes que se ven por todas las colinas y praderas del Oeste Montañoso. Puede crecer hasta un metro de altura, con hojas finamente divididas, de color verde plumoso, que dan a la planta un aspecto de encaje y helecho. Las hojas huelen a tierra y especias y, en verano, la planta produce pequeñas cabezas de flores blancas (o a veces rosadas, moradas o amarillas) en la parte superior del tallo. Estas cabezas florales son planas y tienen forma de paraguas.

- **Propiedades terapéuticas:** La milenrama contiene flavonoides y salicilatos que le confieren propiedades antiinflamatorias, astringentes y antisépticas.

- **Usos tradicionales:** La milenrama es magnífica para detener hemorragias y problemas digestivos como dolores de estómago o diarrea, aliviar dolores menstruales y bajar fiebres o inflamaciones generales. Sus cualidades astringentes también la hacen buena para tratar pequeños cortes, rasguños e irritaciones de la piel.

Árnica

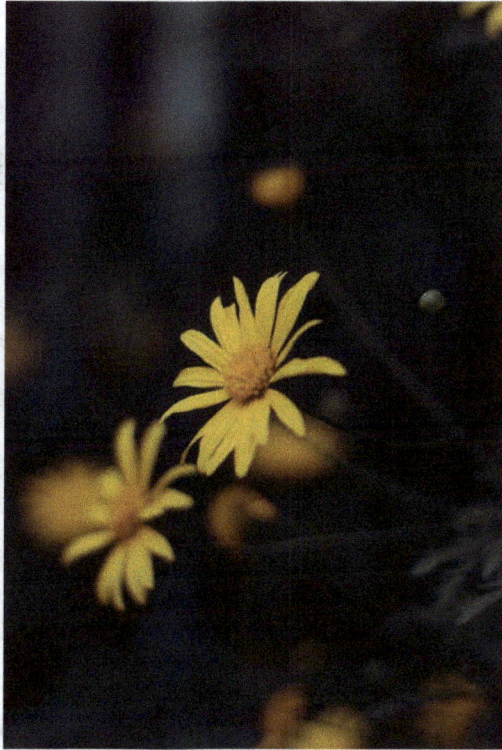

Árnica[80]

- **Descripción:** El árnica es una flor silvestre amarilla que crece a poca altura del suelo en las montañas y prados. Tiene unas flores grandes y brillantes que parecen margaritas sobre unos tallos y hojas verdes y velludos. Toda la planta tiene un inolvidable olor a pimienta cuando se aprietan las hojas o las flores. El árnica no crece tanto, tal vez alcance como mucho un palmo de altura, pero se extiende y alfombra el suelo.

- **Propiedades terapéuticas:** El árnica ha entrado en esta lista gracias a sus compuestos activos, como las lactonas sesquiterpénicas, que le confieren efectos antiinflamatorios y analgésicos.

- **Usos tradicionales:** El árnica se utiliza para dolores musculares, articulares, contusiones y otros tipos de lesiones e inflamaciones leves. Reduce la hinchazón y sus propiedades astringentes ayudan a tratar las irritaciones cutáneas.

Salvia

Salvia[81]

- **Descripción:** La salvia es una hierba mentolada que crece en pequeños arbustos. Tiene hojas suaves de color verde plateado y pequeñas espigas de flores de color azul violáceo que florecen en verano.

- **Propiedades terapéuticas:** La salvia contiene compuestos como la tuyona, el alcanfor y el ácido rosmarínico, todos ellos con capacidad antimicrobiana, antiinflamatoria y antioxidante.

- **Usos tradicionales:** La salvia es reconocida como planta sagrada porque se cree que purifica el cuerpo, el espíritu y los espacios, pero también trata problemas respiratorios, digestivos, de memoria y afecciones cutáneas.

Valeriana

Valeriana[89]

- **Descripción:** La valeriana es una planta perenne con una larga historia como remedio natural. Es una hierba alta y floreciente con grandes hojas verdes y flores de verano rosas/blancas.

- **Propiedades terapéuticas:** Los compuestos activos de la raíz de valeriana, como el ácido valerénico, interactúan con los receptores GABA del cerebro, de forma similar a como actúan algunos medicamentos recetados para dormir.

- **Usos tradicionales:** Las tribus nativas confiaban en la valeriana para tratar los dolores de cabeza, los calambres musculares y los dolores menstruales. Los herbolarios europeos también recetaban valeriana para los trastornos nerviosos, las palpitaciones y otras afecciones relacionadas con el estrés y la ansiedad.

Equinácea

Equinácea[88]

- **Descripción:** Las plantas de equinácea son otro grupo de hierbas perennes que crecen de uno a tres pies de altura con tallos robustos y peludos y grandes cabezas florales en forma de margarita. Las flores suelen tener pétalos morados, rosas o blancos que rodean un cono central puntiagudo de color cobrizo. Los tipos que verá utilizados con fines medicinales son la equinácea púrpura (Echinacea purpurea), la equinácea de hoja estrecha (Echinacea angustifolia) y la equinácea púrpura pálida (Echinacea pallida).

- **Propiedades terapéuticas:** Los compuestos activos de la equinácea (alquilamidas y polisacáridos) parecen estimular la producción y la actividad de los glóbulos blancos. Esto refuerza las defensas naturales del organismo contra virus, bacterias y otros agentes patógenos. La equinácea también tiene algunas propiedades antiinflamatorias y antimicrobianas. Algunas investigaciones sugieren que incluso puede ayudar a acelerar el proceso de curación de heridas leves e infecciones cutáneas.

- **Usos tradicionales:** Hoy en día, muchas personas recurren a la equinácea ante los primeros síntomas de un resfriado o una gripe para reducir la duración y la gravedad de sus síntomas. Las raíces y las hojas se utilizaban antiguamente para tratar las mordeduras de serpiente, los dolores de muelas, los dolores de garganta y las infecciones cutáneas.

Manzanilla

Manzanilla[54]

- **Descripción:** La manzanilla es una planta anual que crece cerca del suelo y sólo alcanza unos treinta centímetros de altura. Tiene hojas plumosas de color verde grisáceo y pequeñas cabezas florales formadas por pétalos blancos alrededor de un centro hueco de color amarillo.

- **Propiedades terapéuticas:** Las flores de manzanilla contienen compuestos como la apigenina que se unen a ciertos receptores del cerebro para producir una respuesta sedante y de relajación muscular.

- **Usos tradicionales:** La manzanilla es popular para aliviar el estrés, dormir bien y calmar problemas digestivos como gases, hinchazón y calambres estomacales. También se utiliza sobre la piel irritada para acelerar la cicatrización de heridas y combatir infecciones bacterianas o fúngicas.

Uva de Oregón

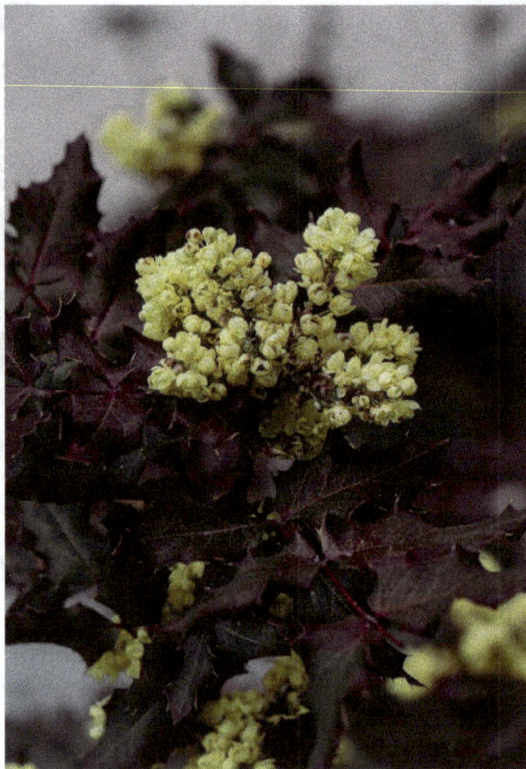

Uva de Oregón[61]

- **Descripción:** La uva de Oregón es un arbusto perenne de dos a seis pies de altura con hojas coriáceas y espinosas que recuerdan al acebo. Las hojas adquieren un hermoso tinte púrpura rojizo en otoño y flores amarillo brillante en verano. También produce bayas que empiezan siendo verdes y maduran hasta adquirir un color negro azulado.

- **Propiedades terapéuticas:** La berberina de la uva de Oregón actúa como antibiótico natural para combatir las infecciones bacterianas, víricas y fúngicas.

- **Usos tradicionales:** La uva de Oregón favorece las defensas del organismo contra los resfriados, la gripe y otros problemas respiratorios. Limpia, desintoxica y estimula la producción de bilis para la digestión y el metabolismo. Los mecanismos antiinflamatorios de la planta también la hacen estupenda para afecciones de la piel como el eccema, la psoriasis y el acné.

Menta

Menta[86]

- **Descripción:** La menta piperita es un híbrido natural de la menta acuática y la menta verde. Sus tallos son cuadrados y de color púrpura rojizo, con hojas verdes brillantes en forma de lanza bastante arrugadas. La planta crece de uno a dos pies de altura y produce pequeñas flores rosas o lavanda en espigas terminales.

- **Propiedades terapéuticas:** La menta piperita contiene mentol, mentona, limoneno, ácido rosmarínico, carvona y pulegona, entre otros compuestos vegetales. Las interacciones sinérgicas entre estos compuestos vegetales hacen que la menta piperita sea versátil y terapéuticamente potente.

- **Usos tradicionales:** Beber té de menta o tomar suplementos de menta ayuda a calmar el malestar estomacal, reduce los gases y la hinchazón y, en general, mejora la digestión. El mentol de la menta es un antiespasmódico natural, que relaja el tracto gastrointestinal y permite que los alimentos pasen más fácilmente.

Cola de caballo

Cola de caballo[87]

- **Descripción:** La cola de caballo es una planta primitiva que existe desde hace millones de años, anterior incluso a los dinosaurios. No es una verdadera planta con flores, sino un miembro de la familia *Equisetaceae*, una antigua familia de helechos.

- **Propiedades terapéuticas:** Una característica destacada de la planta de cola de caballo es su alta concentración de sílice. La sílice contribuye a la formación y el mantenimiento de tejidos conjuntivos fuertes y sanos como huesos, cartílagos, tendones e incluso uñas. La cola de caballo también contiene flavonoides y saponinas, que son agentes antiinflamatorios y antibacterianos.

- **Usos tradicionales:** La cola de caballo es un conocido diurético. Se cree que el alto contenido en sílice de la planta tiene un efecto suave pero potente sobre el sistema urinario, eliminando las toxinas y el exceso de líquidos. Las propiedades astringentes de la planta contraen los vasos sanguíneos y ralentizan el flujo de sangre. Algunas culturas incluso aplicaban los tallos molidos directamente sobre la herida como un astringente natural.

Orientación y consejos

- **La identificación adecuada es importante:** Antes de salir a forrajear, debe saber que puede identificar sin lugar a dudas las plantas que busca. Muchas plantas silvestres tienen plantas parecidas, algunas de las cuales son tóxicas o peligrosas. Investigue con antelación, utilice guías de campo y sitios web fiables, y consulte con forrajeadores o herbolarios experimentados. Si tiene la más mínima duda, deje la planta en paz.

- **Prácticas de recolección sostenibles:** La recolección sostenible también se aplica a las plantas medicinales. Sea siempre consciente de la cantidad que toma. No recolecte en exceso de una sola zona porque eso dañará o incluso matará a la población de plantas. En su lugar, reparta su recolección y tome sólo lo que necesite. Deje suficiente para que la planta se regenere e intente no dañar las raíces.

- **Consideraciones éticas:** Forrajear en terrenos públicos o privados requiere una gestión respetuosa y responsable de la tierra. Obtenga el permiso necesario, respete todas las leyes y reglamentos aplicables y no deje rastro. Sea considerado con los ecosistemas sensibles y las especies en peligro de extinción y evítelos si es posible. Además, comprenda que algunas plantas pueden tener un significado cultural o espiritual para las comunidades indígenas, así que investigue el contexto local antes de recolectar.

Métodos de preparación de las plantas medicinales

Secado

- **Secado al aire:** Colgar o extender las partes de la planta en una zona bien ventilada y con sombra. Esto preserva la actividad enzimática natural.

- **Secado al sol:** Exponer las plantas a la luz directa del sol, es más rápido, pero puede degradar algunos compuestos sensibles al calor.

- **Secado al horno:** Utilización de un horno de temperatura controlada, que permite un secado más rápido y uniforme.

- **Liofilización:** Congelación de las plantas y posterior eliminación del contenido de agua mediante un proceso denominado liofilización. Es lo mejor para compuestos volátiles.

Polvo

- **Trituración:** Reducción del material vegetal desecado a un polvo fino utilizando trituradoras mecánicas, molinos, morteros y pilones.

- **Tamizado:** Pasar el polvo molido por tamices de malla para obtener un tamaño de partícula uniforme.

Extracción

- **Infusiones:** Sumergir la planta en agua caliente para extraer compuestos hidrosolubles, como en los tés.

- **Decocciones:** Hervir la planta en agua para extraer tanto los compuestos hidrosolubles como algunos insolubles.

- **Tinturas:** Remojar el material vegetal en alcohol (o en una mezcla de agua y alcohol) para extraer aún más compuestos.

- **Destilación de aceites esenciales:** Utilizar vapor o hidrodestilación para vaporizar y recoger los aceites esenciales volátiles.

Concentración

- **Evaporación:** Eliminación del agua de los extractos mediante calentamiento controlado o evaporación al vacío para aumentar la concentración de compuestos activos.

- **Congelación-concentración:** Congelación del extracto y posterior eliminación de los cristales de hielo, dejando una solución más concentrada.

Métodos de administración de las plantas medicinales

Oral

- **Tés:** Infusiones o decocciones de hierbas secas, a menudo tomadas calientes.

- **Tinturas:** Extractos alcohólicos, que suelen tomarse con cuentagotas.

- **Cápsulas o comprimidos:** Hierbas secas, en polvo, encapsuladas o comprimidas en pastillas dosificadoras sólidas.

- **Jarabes:** Extractos o infusiones mezclados con un edulcorante, como miel o glicerina.

Tópico

- **Pomadas:** Extractos de plantas o aceites esenciales mezclados en una base grasa, como cera de abeja o vaselina.

- **Cremas:** Emulsiones de agua en aceite o aceite en agua que contienen extractos de hierbas.

- **Ungüentos:** Similares a las pomadas pero con una consistencia más suave y untable.

- **Cataplasmas:** Hierbas húmedas frescas o secas envueltas en un paño y aplicadas directamente sobre la piel afectada.

Inhalación

- **Inhalación de vapor:** Añadir hierbas al agua caliente e inhalar el vapor.

- **El sahumerio:** Quemar hierbas secas e inhalar el humo.

Consideraciones de seguridad y riesgos potenciales

- **Reacciones alérgicas:** Al igual que algunas personas son alérgicas a los cacahuetes o a las picaduras de abeja, ciertas hierbas o compuestos vegetales podrían desencadenar reacciones no deseadas en algunas personas. Éstas podrían ir desde una leve irritación cutánea hasta la asfixia. Siempre es bueno hacer primero una prueba, empezar con cantidades mínimas y estar atento a cualquier síntoma extraño.

- **Interacciones con medicamentos:** Las hierbas son potentes medicinas naturales, pero no siempre se llevan bien con los fármacos sintéticos. Pueden potenciar o anular los efectos de los medicamentos recetados de forma impredecible. Si ya está tomando algo, consulte siempre a su médico antes de añadir cualquier remedio a base de plantas a su medicación.

- **Pautas de dosificación:** Cuando se utilizan hierbas con fines medicinales, más no siempre es mejor. La hierba adecuada hará maravillas, pero si exagera podría acabar haciendo más mal que bien. Factores como su talla, edad y estado de salud afectan a la dosis ideal, así que siga cuidadosamente las instrucciones, especialmente en el caso de niños, ancianos y mujeres embarazadas.

- **Vía de administración:** La forma de tomar una hierba, ya sea bebiéndola, frotándola en la piel o inhalándola, influye en su seguridad y eficacia. Algunos métodos conllevan mayores riesgos, como dañar potencialmente su hígado si ingiere demasiada cantidad de ciertas hierbas.

- **Efectos acumulativos:** Tomar medicamentos a base de plantas a largo plazo podría hacer que ciertos compuestos se acumularan en su organismo con el tiempo, pudiendo provocar problemas en cascada, por lo que darle a su sistema un descanso de ellos de vez en cuando es una buena idea.

- **Interacciones entre hierbas:** Al igual que los medicamentos, las diferentes hierbas reaccionan entre sí de forma inesperada cuando las toma juntas. Debe tener cuidado al mezclarlas y combinarlas porque los efectos combinados podrían ser más de lo que esperaba.

La herbolaria dista mucho de ser estática. Siempre hay algo nuevo que descubrir sobre la complejidad y versatilidad de las medicinas a base de plantas. Justo cuando cree que sabe todo lo que hay que saber sobre una planta, aparece un nuevo estudio con propiedades nunca vistas o usos inesperados. Esa constante ampliación de los conocimientos es lo que hace de la herbolaria una de las disciplinas más fascinantes y en constante evolución que existen. Cada hierba tiene tantas facetas: está su composición química, sus complicadas interacciones y sus efectos altamente personalizados. Comprender realmente todo el potencial de una sola planta podría llevar años de estudio dedicado y experimentación práctica. Si a eso añadimos los miles de especies con usos medicinales documentados, el campo de investigación le dejará boquiabierto.

No vea la herbolaria como un cuerpo estancado de conocimientos que hay que memorizar. Sea curioso y esté abierto a nueva información. Dependiendo de lo lejos que quiera llegar, podría hacer cursos, asistir a talleres o unirse a comunidades en línea. Es posible mantenerse al día de las últimas investigaciones y, al mismo tiempo, honrar la sabiduría de las tribus indígenas. La herbolaria es una tradición viva que respira, no sólo un conjunto de remedios.

Capítulo 8: Vivir un estilo de vida forrajero

A lo largo de los capítulos anteriores, ha tratado los fundamentos del forrajeo: identificación de plantas comestibles y medicinales, comprensión de la disponibilidad estacional, prácticas responsables de búsqueda de alimentos, etc., pero esto ha sido mucho más que las habilidades técnicas. Forrajear es un principio rector para vivir. Es una relación primordial con el mundo natural y un estilo de vida que enseña autosuficiencia, atención y aprecio por la abundancia que le rodea.

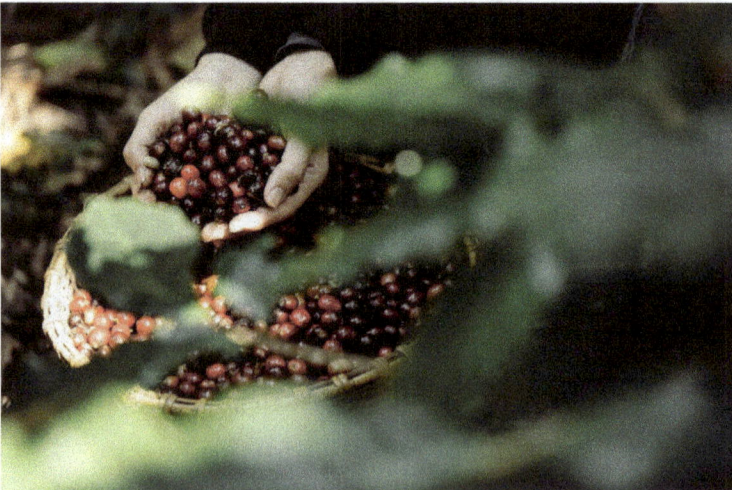

Usted está en sincronía con los ritmos de la naturaleza, forma parte de la matriz holística de la existencia que le sustenta[88]

Cuando vive como forrajeador, el filtro que guía su comprensión se transforma junto con usted. Aprende a ir más despacio, a sintonizar sus sentidos, a leer los signos matizados de las estaciones y a moverse por la tierra con la gracia de un cazador-recolector. Ya no se limita a recolectar alimentos; está en sincronía con los ritmos de la naturaleza, forma parte de la matriz holística de la existencia que le sustenta.

En primavera, no hay nada como esa primera oleada de vida fresca y verde tras el largo y aletargado invierno, esas primeras hortalizas: lechugas silvestres, ortigas y hojas de diente de león. Forrajearlas es casi meditativo mientras escudriña lentamente el suelo, con la vista entrenada para detectar las sutiles diferencias que separan lo comestible de lo venenoso. Luego llega el verano con las fresas, moras y frambuesas silvestres que prácticamente caen de los arbustos, suplicando ser comidas. Al adentrarse en los bosques durante el otoño, las relaciones entre todas las plantas, animales y hongos son más claras que nunca. Ese tronco caído no es sólo madera muerta; es toda una comunidad, un mini ecosistema en sí mismo: el hogar de innumerables insectos, hongos y descomponedores que trabajan juntos para devolver la madera al suelo.

Luego llega la estación más tranquila y recogida del invierno. Para un no iniciado, el paisaje puede parecer inactivo en la superficie, pero bajo la nieve y las ramas desnudas, la vida se mueve y cambia. Los árboles descansan, conservando su energía para la próxima estación de crecimiento. Los animales pequeños se entierran en la tierra o se refugian en sus madrigueras, ralentizando su metabolismo mientras esperan a que pase el frío. Es una época de quietud e introspección, un tiempo para reflexionar sobre el ciclo de las estaciones y su lugar dentro de ellas. Los patrones de la naturaleza se han convertido en los suyos propios, y no lo querría de otro modo.

Las implicaciones de un estilo de vida forrajero

Con su nuevo compromiso con el forrajeo, puede que se sorprenda de lo mucho que puede cambiar su vida para mejor. Abandonar la basura procesada y reconectar con los alimentos naturales de su propio patio trasero le pone en el camino hacia una forma de vida más saludable. Una de las primeras cosas que probablemente notará es lo mucho mejor que se siente por dentro. Cuanto más llene su plato de plantas silvestres recolectadas, bayas y setas, más aportará a su cuerpo todo lo que le faltaba: vitaminas, minerales, antioxidantes, etc. No se preocupará por la hinchazón y los bajones de energía de los alimentos ultraprocesados, no cuando se sienta ligero, lleno de energía y quizá incluso un poco sobrehumano. Su piel tendrá un aspecto más brillante y claro, su pelo se volverá más brillante y puede que incluso pierda unos kilos sin ni siquiera intentarlo.

Forrajear es también una forma de devolver algo al planeta. El sistema alimentario industrial es un desastre. Las granjas de monocultivos masivos, los pesticidas tóxicos y las granjas industriales devoradoras de recursos están devastando los paisajes naturales, pero como forrajero, usted ha optado por salirse totalmente de ese sistema destructivo. No está arrasando ecosistemas enteros para cultivar una sola cosecha: está recolectando de forma cuidadosa y sostenible sólo las plantas silvestres, bayas y setas que necesita, *como han hecho los humanos por milenios.* Esta delicadeza y consideración mantienen vivos los espacios naturales para que sigan proporcionando alimento y refugio a todas las plantas y animales que viven allí. Usted no sólo toma, también devuelve. Con el forrajeo, usted es parte de la solución y no del problema.

Forrajear también puede ponerle en contacto con su comunidad local. Cuando está ahí fuera en el bosque o en el campo, es muy probable que se encuentre con otras personas que hacen lo mismo, y una vez que llega a conocer a algunos de esos compañeros forrajeadores, las posibilidades realmente empiezan a abrirse. Antes de que se dé cuenta, estará organizando una gran comida comunitaria, en la que cada uno lleva los comestibles que ha recolectado. Imagínese el despliegue: bayas frescas, hierbas, verduras, quizá incluso setas salteadas o mermelada de saúco. Reunirse alrededor de la mesa y compartir una comida hecha con ingredientes que todos han recogido con sus propias manos es una experiencia que crea vínculos. Hay algo en ello que resulta más íntimo y significativo que una cena normal. Además, aprenderán unos de otros. Tal vez alguien conozca una receta secreta para preparar ortigas, o alguien haya encontrado el mejor lugar para encontrar *porcini.*

Reunirse alrededor de la mesa y compartir una comida hecha con ingredientes que todos han recogido con sus propias manos es una experiencia que crea vínculos[89]

Si de algún modo nunca se encuentra con otros forrajeadores mientras sale, ¿por qué no comprueba si existe un grupo o club de forrajeo en su vecindario? Podría aprender de forrajeadores experimentados, intercambiar consejos y, de paso, hacer algunos amigos amantes de la naturaleza. Además, hacer salidas en grupo siempre es más divertido (y seguro) que salir solo. Si es usted más del tipo independiente, asistir a un taller práctico de forrajeo podría ser más lo suyo. Podrá hacer algo de aprendizaje guiado y trabajo de campo con un guía experto, lo que será inmensamente útil para afinar sus habilidades de identificación. Por supuesto, no hay nada mejor que pasar más tiempo en la naturaleza por su cuenta. Cuanto más salga ahí fuera y ponga a prueba sus habilidades de forrajeo, mejor desarrollará ese ojo de buscador.

Consejos para integrar los alimentos recolectados en la vida cotidiana

- Utilice verduras silvestres como el diente de león, la pamplina o el cenizo en sus ensaladas, salteados o sofritos. Tienen muchos más nutrientes que las verduras típicas.

- Utilice los pétalos de capuchinas, caléndulas o rosas de Woods para elaborar jarabes florales o aceites de infusión.

- Busque cebollas silvestres, cebollinos o ajos silvestres, y utilícelos igual que haría con las versiones cultivadas.

- Seque sus verduras, hierbas y flores silvestres para poder utilizarlas en infusiones o como condimentos.

- Prepare siropes, *shrubs* o bebidas fermentadas a partir de bayas, flores o frutas silvestres para poder disfrutar de sus sabores con más frecuencia de la que están en temporada.

- Encurta o fermente las setas silvestres o verduras que le sobren para conservarlas más adelante.

- Sustituya sus recetas habituales por nuevos ingredientes silvestres.

- Utilice escaramujos silvestres para hacer una gelatina ácida de vitamina C que marida de maravilla con queso y galletas saladas.

- Deshidrate las setas silvestres y tritúrelas hasta obtener un condimento en polvo.

- Prepare una sopa verde silvestre utilizando ortigas, cenizo y hojas de ajenabe como base.

- Prepare una vinagreta de bayas silvestres con moras, grosellas o grosellas espinosas para aliñar ensaladas.

- Seque y muela las bayas de zumaque hasta obtener una especia alimonada para aliños, aderezos o condimentos.

La importancia de compartir sus conocimientos y su experiencia

Hay un dicho que dice que «el conocimiento es poder», pero una verdad aún más importante es que el conocimiento está hecho para compartirse. ¿Cuántas veces ha aprendido algo nuevo (no tiene por qué estar relacionado con el forrajeo; podría ser simplemente una trivialidad fascinante) y no ha podido esperar a contárselo a sus amigos o familiares? Ese impulso de compartir lo que sabe es natural porque, al fin y al cabo, guardarse la información para uno mismo no sirve de mucho.

¿Ha ido alguna vez a forrajear? Quizá le llevó un amigo o fue con su madre. ¿No fue increíble aprender qué plantas eran seguras para comer y cuáles había que evitar? Debió de sentirse como un momento de iluminación. En momentos así, no le parecerá bien limitarse a atesorar ese conocimiento; querrá transmitirlo para que otros puedan experimentar esa misma maravilla y autosuficiencia.

Olvídese de las habilidades prácticas: incluso sus experiencias y perspectivas personales son regalos para compartir con la gente. ¿Cuántas veces ha pasado por algo, sólo para darse cuenta más tarde de que su historia realmente podría ayudar a otra persona que esté pasando por algo similar? O tal vez ha adquirido una nueva afición de la que no puede dejar de hablar porque le entusiasma. Compartir lo que sabe y por lo que ha pasado es un regalo. Le conecta con los demás, enseña y aprende, e inspira y le inspiran. No tiene por qué ser algo grande o grandioso, incluso los más pequeños fragmentos de información pueden serlo todo para otra persona. Las personas que son lo suficientemente humildes para admitir lo que no saben, pero lo suficientemente generosas para compartir lo que sí saben, son quienes forman las mejores comunidades.

Forrajear le conecta con la gente y la naturaleza[90]

Comunidad o no, al fin y al cabo, forrajear es algo más que comida gratis. Su conexión con la tierra es fundamental para lo que usted es como ser humano. La tierra no es sólo un telón de fondo o un recurso, sino la base misma sobre la que se construyen la vida, la cultura y las sociedades. Es donde sus raíces están, literal y figuradamente, arraigadas. En una época de creciente desconexión y agitación medioambiental, el futuro del planeta depende de personas como usted que están dispuestas a pisar con cuidado, vivir con determinación y dejar cada lugar que visitan en mejores condiciones de las que lo encontraron. Ésta es la promesa y el deber sagrado de la vida forrajera.

Extra: Calendario de forrajeo del Oeste Montañoso

Calendario de Forrajeo del Oeste Montañoso

	Ene	Feb	Mar	Abr	May	Jun	Jul	Ago	Sep	Oct	Nov	Dic
❄ Invierno 🌿 Primavera ☀ Verano 🍂 Otoño												

🌿 PRIMAVERA

	Ene	Feb	Mar	Abr	May	Jun	Jul	Ago	Sep	Oct	Nov	Dic
Cebollas **silvestres**			●	●	●🌿							
Raíces de **diente de león**			●	●	●🌿				●	●🌿		
Cola de **caballo**			●	●	●🌿							
Colmenilla			●	●	●🌿							
Diente de **león**				●	●🌿					●🌿		
Ortiga **mayor**				●	●🌿							
Berro de **agua**				●	●🌿							
Cebollino				●	●🌿							
Pamplina					●	●🌿				●	●🌿	
Cenizo					●	●🌿		●🌿				
Verdolaga **de Cuba**					●🌿				●	●	●🌿	
Hojas de **ajenabe**					●🌿							
Violetas					●	●🌿						
Pensamientos					●	●🌿						
Rosas de **Woods**					●	●	●🌿					
Flor de **saúco**					●	●🌿						
Guillomos **de Saskatchewan**					●	●🌿						
Grosellas					●	●🌿		●🌿				
Camassia					●	●	●🌿					

					Ene	Feb	Mar	Abr	May	Jun	Jul	Ago	Sep	Oct	Nov	Dic
❄ Invierno	🍂 Primavera	☀ Verano	🍁 Otoño													

☀ VERANO

	Ene	Feb	Mar	Abr	May	Jun	Jul	Ago	Sep	Oct	Nov	Dic
Capuchinas						☀						
Adelfilla						█	█	█	☀			
Fresa					█	█	☀					
Semillas de chía						█	█	☀				
Milenrama						█	█	☀				
Árnica						█	█	☀				
Salvia						█	█	☀				
Manzanilla						█	█	☀				
Hongo coral						☀		█	☀			
Setas de tinta						☀		█	☀			
Verdolaga común							█	☀				
Girasol							█	█	☀			
Arándanos rojos							█	☀				
Frambuesas							█	☀				
Valeriana							█	☀				
Menta piperita							█	☀				
Boletus							█	█	☀			
Setas langosta							█	█	☀			
Cerezas de Virginia								█	☀			
Bellotas								█	█	█	█	☀

	Ene	Feb	Mar	Abr	May	Jun	Jul	Ago	Sep	Oct	Nov	Dic
Pecana								▓	☀			
Onagra								▓	▓	☀		
Raíces de zanahoria silvestre								▓	▓	☀		
Equinácea							▓	☀				
Gírgolas								▓	▓	☀		
Porcini								☀				
Matsutake								▓	▓	☀		
Setas coliflor								☀				
Pollo del bosque								▓	▓	☀		

🍁 OTOÑO

	Ene	Feb	Mar	Abr	May	Jun	Jul	Ago	Sep	Oct	Nov	Dic
Piñones									▓	🍁		
Avellanas									🍁			
Bayas de enebro									▓	🍁		
Nueces de nogal negro									▓	🍁		
Bardana									▓	🍁		
Tupinambos									▓	🍁		
Uvas de Oregón									▓	🍁		
Avellanas										🍁		

Legend: ❄ Invierno · 🌱 Primavera · ☀ Verano · 🍁 Otoño

Índice: A-Z de comestibles silvestres, setas y plantas medicinales

Conclusión

Si ha llegado hasta aquí, va por buen camino para convertirse en un forrajeador consumado. Los conocimientos y habilidades que ha adquirido con este libro son sólo el principio. A medida que salga y los ponga en práctica, descubrirá que el forrajeo es una actividad en constante evolución: siempre hay más que aprender, más que descubrir.

Una de las mejores partes del forrajeo es cómo le conecta con las raíces culturales de los pueblos indígenas que han vivido en la región durante lo que parece una eternidad. Muchas de las plantas sobre las que aprendió han sido alimentos y medicinas esenciales para las tribus indígenas de esta región, generación tras generación. Es una lección de humildad darse cuenta de que las mismas plantas que usted pone en su cesta han alimentado y curado a los primeros pueblos de esta tierra durante miles de años.

Incluso si no tiene una historia personal o familiar ligada al Oeste Montañoso, el forrajeo puede aprovechar ese instinto ancestral que lleva dentro. Simplemente hay algo en la recolección de alimentos silvestres y medicinas que le hace sentirse reconectado con el mundo natural de una forma profunda y un tanto ancestral. Es como si su cuerpo y su mente recordaran una relación con la tierra que ha quedado enterrada bajo todo el ruido y el ajetreo de la vida urbana moderna. Forrajear y aprovechar los recursos silvestres fue una vez la forma de vida, y aunque la mayoría de la gente no necesita hacer eso para mantenerse con vida hoy en día, todavía hay una parte de usted que anhela esa conexión directa y primitiva.

A medida que continúe forrajeando, consiga un diario o cuaderno y utilícelo para documentar meticulosamente las plantas que encuentre. Hágales dibujos y anote exactamente dónde las encontró y cualquier información que aprenda sobre sus usos comestibles o medicinales. Puede parecerle una tarea, pero así es como realmente cimentará el conocimiento de las plantas en su cerebro. Este diario se convertirá en una referencia personal inestimable a la que podrá volver una y otra vez. Podrá hojearlo y refrescar rápidamente la memoria sobre esa cosa verde de aspecto extraño que encontró la primavera pasada o recordar el lugar donde encontró todas esas setas de tinta. Tener esa información en un solo lugar le ahorrará mucho tiempo y frustraciones.

La alegría de buscar en la naturaleza no está sólo en el resultado final: está en todo el proceso, desde la observación silenciosa hasta la identificación paciente y la recolección práctica. Intente no precipitarse. Vaya más despacio, preste atención y déjese perder en la magia de todo ello. Es en esos momentos de compromiso íntimo cuando el forrajeo se convierte en algo más que un medio para un fin.

La alegría está en *todo lo demás.*

Vea más libros escritos por Dion Rosser

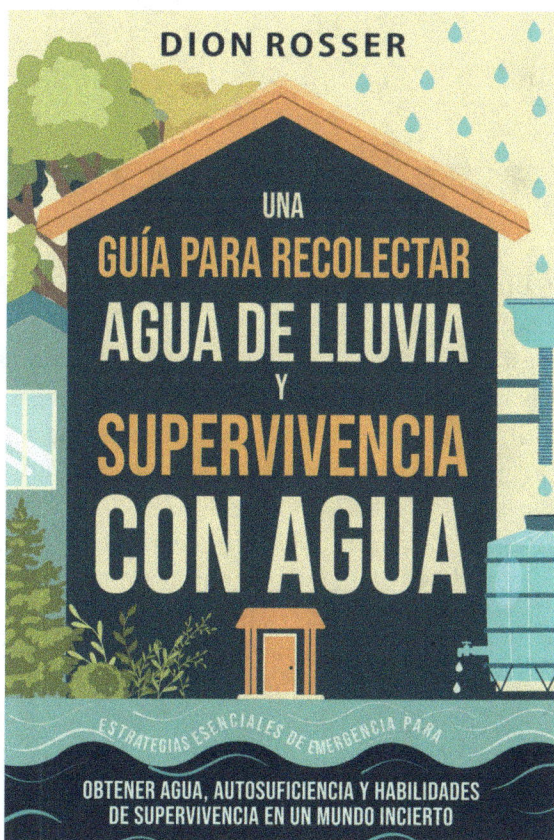

Referencias

Alan. (n.d.). Types of Edible Wild Mushrooms Archives. FORAGER | CHEF. https://foragerchef.com/category/wild-mushroom-species/

An, M. (2023, August 23). Foraging for Edible Coral Mushrooms. Project Upland. https://projectupland.com/foraging/picking-coral-mushrooms/

Aon, O. (2020, April 23). Oyster Mushrooms, Pleurotus Species. Forage Colorado. https://www.foragecolorado.com/post/oyster-mushrooms-pleurotus-species

Bailey, L. (2003, April 1). Echinacea: What Should I Know About It? Familydoctor.org. https://familydoctor.org/echinacea-what-should-i-know-about-it/

Codekas, C. (2021, February 26). Foraging for Wild Violets: an Edible Early Spring Flower. Grow Forage Cook Ferment. https://www.growforagecookferment.com/foraging-for-wild-violets/

Derr, A. (2023, April 2). 27 Amazing Animals in Rocky Mountain National Park | The Next Summit: a Mountain Blog. Www.thenextsummit.org. https://thenextsummit.org/animals-in-rocky-mountain-national-park/#google_vignette

Keough, B. (2020, July 13). Here's What You'll Need to Start Foraging Mushrooms. Wirecutter: Reviews for the Real World. https://www.nytimes.com/wirecutter/blog/how-to-hunt-mushrooms/

Lambert, R. (2018, December 20). Foraging as a Way to Feel Connected. Wild Walks Southwest. https://www.wildwalks-southwest.co.uk/foraging-as-a-way-to-feel-connected/

Oder, T. (2022, September 1). Identifying Wild Mushrooms: a Guide to Edible and Poisonous Mushrooms. Treehugger.

https://www.treehugger.com/wild-mushrooms-what-to-eat-what-to-avoid-4864324

Pickled Wild Onions. (2013, June 21). The Cookery Maven. https://www.thecookerymaven.com/cookery-maven-blog/2013/06/pickled-wild-onions

Sayner, A. (2019, May 13). A Complete Guide to Oyster Mushrooms - GroCycle. GroCycle. https://grocycle.com/oyster-mushrooms-guide/

Fuentes de imágenes

[1] *diseñado por Freepik. https://www.freepik.com/free-photo/gardener_3572143.htm*

[2] *Chrysaora en Flickr, CC BY 2.0 <https://creativecommons.org/licenses/by/2.0>, vía Wikimedia Commons. https://commons.wikimedia.org/wiki/File:Picea_engelmannii_foliage_cones2.jpg*

[3] *diseñado por Freepik. https://www.freepik.com/free-photo/young-farmer-holding-basket-with-vegetables-from-his-farm_21076582.htm*

[4] *diseñado por Freepik. https://www.freepik.com/free-photo/reforestation-done-by-voluntary-group_29015531.htm*

[5] *Pittigrilli, CC BY 4.0 <https://creativecommons.org/licenses/by/4.0>, vía Wikimedia Commons. https://commons.wikimedia.org/wiki/File:Pocket_knive_(navaja)_del_revendedor_alemán_de_bicicletas_Polo.jpg*

[6] *W.carter, CC BY-SA 4.0 <https://creativecommons.org/licenses/by-sa/4.0>, vía Wikimedia Commons. https://commons.wikimedia.org/wiki/File:Beetroots_in_a_basket.jpg*

[7] *Wodgester, CC BY-SA 4.0 <https://creativecommons.org/licenses/by-sa/4.0>, vía Wikimedia Commons. https://commons.wikimedia.org/wiki/File:Compass_on_map.jpg*

[8] *barockschloss de Zeilitzheim, Alemania, CC BY 2.0 <https://creativecommons.org/licenses/by/2.0>, vía Wikimedia Commons. https://commons.wikimedia.org/wiki/File:Pruning_shears.jpg*

[9] *PumpkinSky, CC BY-SA 4.0 <https://creativecommons.org/licenses/by-sa/4.0>, vía Wikimedia Commons. https://commons.wikimedia.org/wiki/File:Work_glove_for_right_hand_LR.jpg*

[10] *Mersaleashwaran, CC BY-SA 4.0 <https://creativecommons.org/licenses/by-sa/4.0>, vía Wikimedia Commons. https://commons.wikimedia.org/wiki/File:Zooming_a_plant_with_magnifying_glass.jpg*

[11] *http://www.ForestWander.com, CC BY-SA 3.0 US <https://creativecommons.org/licenses/by-sa/3.0/us/deed.en>, vía Wikimedia Commons.*

https://commons.wikimedia.org/wiki/File:North-fork-mountain_-_West_Virginia_-_ForestWander.jpg

[12] https://commons.wikimedia.org/wiki/File:Alpine_Sunflowers_(28541400297).jpg

[13] David Whelan, CC0, vía Wikimedia Commons. https://commons.wikimedia.org/wiki/File:Red_berries_in_winter_(31455327120).jpg

[14] © Vyacheslav Argenberg / http://www.vascoplanet.com/, CC BY 4.0 <https://creativecommons.org/licenses/by/4.0>, vía Wikimedia Commons. https://commons.wikimedia.org/wiki/File:Khndzoresk,_Wild_flowers,_Wild_flora,_Armenia.jpg

[15] Elekes Andor, CC BY-SA 4.0 <https://creativecommons.org/licenses/by-sa/4.0>, vía Wikimedia Commons https://commons.wikimedia.org/wiki/File:Taraxacum_officinale--.jpg

[16] W. Carter, CC0, vía Wikimedia Commons. https://commons.wikimedia.org/wiki/File:Nettles_in_R%C3%B6e_g%C3%A5rd_2.jpg

[17] Viktoria Bilous, CC BY 4.0 <https://creativecommons.org/licenses/by/4.0>, vía Wikimedia Commons. https://commons.wikimedia.org/wiki/File:Stellaria_media_117946872.jpg

[18] Juan Carlos Fonseca Mata, CC BY-SA 4.0 <https://creativecommons.org/licenses/by-sa/4.0>, vía Wikimedia Commons https://upload.wikimedia.org/wikipedia/commons/e/ec/L._arvensis_SMAGTMX240426.jpg

[19] Robert Flogaus-Faust, CC BY 4.0 <https://creativecommons.org/licenses/by/4.0>, vía Wikimedia Commons https://commons.wikimedia.org/wiki/File:Portulaca_oleracea_RF.jpg

[20] Krzysztof Ziarnek, Kenraiz, CC BY-SA 4.0 <https://creativecommons.org/licenses/by-sa/4.0>, vía Wikimedia Commons https://upload.wikimedia.org/wikipedia/commons/3/38/Euphorbia_maculata_kz07.jpg

[21] Programa IPM del Estado de Nueva York en la Universidad Cornell de Nueva York, EE.UU., CC BY 2.0 <https://creativecommons.org/licenses/by/2.0>, vía Wikimedia Commons https://commons.wikimedia.org/wiki/File:Chenopodium_album_-_leaves,_flower_bud_(18651445218).jpg

[22] Stan Shebs, CC BY-SA 3.0 <https://creativecommons.org/licenses/by-sa/3.0>, vía Wikimedia Commons https://upload.wikimedia.org/wikipedia/commons/2/2e/Physalis_hederifolia_var_palmeri_5.jpg

[23] brewbooks de cerca de Seattle, EE.UU., CC BY-SA 2.0 <https://creativecommons.org/licenses/by-sa/2.0>, vía Wikimedia Commons https://commons.wikimedia.org/wiki/File:Montia_perfoliata_(Miner%27s_lettuce)_-_Flickr_-_brewbooks.jpg

[24] Krzysztof Ziarnek, Kenraiz, CC BY-SA 4.0 <https://creativecommons.org/licenses/by-sa/4.0>, vía Wikimedia Commons https://commons.wikimedia.org/wiki/File:Nasturtium_officinale_kz15.jpg

[25] T.Voekler, CC BY-SA 3.0 <https://creativecommons.org/licenses/by-sa/3.0>, via Wikimedia Commons https://commons.wikimedia.org/wiki/File:Diplotaxis_tenuifolia_910.jpg

[26] George F Mayfield, CC BY-SA 2.0 <https://creativecommons.org/licenses/by-sa/2.0>, vía Wikimedia Commons https://commons.wikimedia.org/wiki/File:Allium_canadense_WILD_ONION.jpg

[27] *Tubifex, CC BY-SA 3.0 <https://creativecommons.org/licenses/by-sa/3.0>, vía Wikimedia Commons https://commons.wikimedia.org/wiki/File:3853_-_Tropaeolum_majus_%28Gro%C3%9Fe_Kapuzinerkresse%29.JPG*

[28] *H. Zell, CC BY-SA 3.0 <https://creativecommons.org/licenses/by-sa/3.0>, vía Wikimedia Commons. https://commons.wikimedia.org/wiki/File:Viola_reichenbachiana_001.jpg*

[29] *Pensamiento de montaña (Viola lutea) sobre el bosque de Swindale por Andrew Curtis, CC BY-SA 2.0 <https://creativecommons.org/licenses/by-sa/2.0>, vía Wikimedia Commons. https://commons.wikimedia.org/wiki/File:Mountain_pansy_(Viola_lutea)_above_Swindale_Wood_-_geograph.org.uk_-_2425313.jpg*

[30] *Sanjay Acharya, CC BY-SA 4.0 <https://creativecommons.org/licenses/by-sa/4.0>, vía Wikimedia Commons. https://commons.wikimedia.org/wiki/File:Dandelion_Flower_close_up.jpg*

[31] *https://commons.wikimedia.org/wiki/File:Sunflowers_helianthus_annuus.jpg*

[32] *James St. John, CC BY 2.0 <https://creativecommons.org/licenses/by/2.0>, vía Wikimedia Commons https://commons.wikimedia.org/wiki/File:Rosa_woodsii_%28Wood%27s_rose%29_%28Gibbon_Falls_overlook%2C_Yellowstone%2C_Wyoming%2C_USA%29_1_%2820799206725%29.jpg*

[33] *J Brew, CC BY-SA 2.0 <https://creativecommons.org/licenses/by-sa/2.0>, vía Wikimedia Commons https://commons.wikimedia.org/wiki/File:Sambucus_c_e_rulea_Brewton_Road.jpg*

[34] *https://commons.wikimedia.org/wiki/File:Cicuta_maculata.jpg*

[35] *H. Zell, CC BY-SA 3.0 <https://creativecommons.org/licenses/by-sa/3.0>, vía Wikimedia Commons. https://commons.wikimedia.org/wiki/File:Allium_schoenoprasum_001.JPG*

[36] *Agnieszka Kwiecień, Nova, CC BY-SA 4.0 <https://creativecommons.org/licenses/by-sa/4.0>, vía Wikimedia Commons https://commons.wikimedia.org/wiki/File:Chamerion_angustifolium_Wierzb%C3%B3wka_kiprzyca_2023-08-22_Dolina_Ko%C5%9Bcieliska_07.jpg*

[37] *Jörg Hempel, CC BY-SA 3.0 DE <https://creativecommons.org/licenses/by-sa/3.0/de/deed.en>, vía Wikimedia Commons https://commons.wikimedia.org/wiki/File:Fragaria_vesca_LC0389.jpg*

[38] *Robert Flogaus-Faust, CC BY 4.0 <https://creativecommons.org/licenses/by/4.0>, vía Wikimedia Commons https://commons.wikimedia.org/wiki/File:Potentilla_indica_RF.jpg*

[39] *Krzysztof Ziarnek, Kenraiz, CC BY-SA 4.0 <https://creativecommons.org/licenses/by-sa/4.0>, vía Wikimedia Commons. https://commons.wikimedia.org/wiki/File:Amelanchier_alnifolia_kz09.jpg*

[40] *waferboard, CC BY 2.0 <https://creativecommons.org/licenses/by/2.0>, via Wikimedia Commons https://commons.wikimedia.org/wiki/File:Green_Timbers_tart_huckleberries_(6008182409).jpg*

[41] *Robert Flogaus-Faust, CC BY 4.0 <https://creativecommons.org/licenses/by/4.0>, vía Wikimedia Commons https://commons.wikimedia.org/wiki/File:Rubus_idaeus_3_RF.jpg*

[42] *Frank Vincentz, CC BY-SA 3.0 <http://creativecommons.org/licenses/by-sa/3.0/>, vía Wikimedia Commons https://commons.wikimedia.org/_w iki/File:Rubus_fruticosus_14_ies.jpg*

[43] *https://commons.wikimedia.org/wiki/File:File-Ribes_aureum_-_native%3B-Alternate_names-_Buffalo_currant%2C_clove_currant%2C_Missouri_currant%3B-Blooms_April_-_May%3B-This_plant_is_%280bc4ef15-41ad-494f-9b6a-21c63c2754ae%29.JPG*

[44] Maxime Laterreur, CC BY-SA 4.0 <https://creativecommons.org/licenses/by-sa/4.0>, vía Wikimedia Commons. https://commons.wikimedia.org/wiki/File:Cerisier_de_Virginie_(Prunus_virginiana).jpg

[45] Famartin, CC BY-SA 4.0 <https://creativecommons.org/licenses/by-sa/4.0>, vía Wikimedia Commons https://commons.wikimedia.org/wiki/File:2015-09-27_11_37_07_Colorado_pinyon_pine_cones_with_ripe_pine_nuts_at_the_Devil%27s_Canyon_Overlook_along_Interstate_70_in_Emery_County,_Utah.jpg

[46] Bosque Nacional Superior, CC BY 2.0 <https://creativecommons.org/licenses/by/2.0>, vía Wikimedia Commons https://commons.wikimedia.org/wiki/F i le:Corylus_americana_3-eheep_%285097498779%29.jpg

[47] Brad Haire, Universidad de Georgia, EE.UU., CC BY 3.0 US <https://creativecommons.org/licenses/by/3.0/us/deed.en>, vía Wikimedia Commons. https://commons.wikimedia.org/wiki/File:Carya_illinoinensis_foliagenuts.jpg

[48] Jarek Tuszyński / CC-BY-SA-3.0, CC BY-SA 3.0 <https://creativecommons.org/licenses/by-sa/3.0>, vía Wikimedia Commons https://upload.wikimedia.org/wikipedia/commons/d/d4/Joshua_Tree_National_Park_flowers_-_Salvia_columbariae_-_8.JPG

[49] Chris Light, CC BY-SA 4.0 <https://creativecommons.org/licenses/by-sa/4.0>, vía Wikimedia Commons. https://commons.wikimedia.org/wiki/File:Juniper_berries_1776.jpg

[50] Chris Light, CC BY-SA 4.0 <https://creativecommons.org/licenses/by-sa/4.0>, vía Wikimedia Commons. https://commons.wikimedia.org/wiki/File:Black_walnut_(Juglans_nigra)9817.jpg

[51] Universidad Laval, CC BY-SA 4.0 <https://creativecommons.org/licenses/by-sa/4.0>, vía Wikimedia Commons https://commons.wikimedia.org/wiki/File:A r ctium_lappa_15-p.bot-arcti.lappa-20.jpg

[52] https://commons.wikimedia.org/wiki/File:Camassia_quamash_%28Pursh%29_Greene.jpg

[53] https://commons.wikimedia.org/wiki/File:Death_camas_Zygadenus_venenosus_3_(18466934961).jpg

[54] Charles de Mille-Isles de Mille-Isles, Canadá, CC BY 2.0 <https://creativecommons.org/licenses/by/2.0>, vía Wikimedia Commons. https://commons.wikimedia.org/wiki/File:Evening_primrose_-_Oenothera_biennis_(5991581156).jpg

[55] Leonora (Ellie) Enking de East Preston, Reino Unido, CC BY-SA 2.0 <https://creativecommons.org/licenses/by-sa/2.0>, vía Wikimedia Commons https://commons.wikimedia.org/wiki/File:Daucus_carota_(28698897272).jpg

[56] https://commons.wikimedia.org/wiki/File:Dandelion_root.jpg

[57] https://www.pexels.com/photo/shallow-focus-photography-of-mushrooms-1643422/

[58] Koshur, CC BY-SA 4.0 <https://creativecommons.org/licenses/by-sa/4.0>, vía Wikimedia Commons. https://commons.wikimedia.org/wiki/File:Morel_mushrooms.jpg

[59] https://commons.wikimedia.org/wiki/File:Gyromitra_tasmanica_False_morel._(26258556133).jpg

[60] Chiring Chandan, CC BY-SA 4.0 <https://creativecommons.org/licenses/by-sa/4.0>, vía Wikimedia Commons. https://commons.wikimedia.org/wiki/File:Pleurotus_ostreatus_(Oyster_Mushroom)_1.jpg

[61] *John.Chy, uso libre bajo copyright, vía Wikimedia Commons*
https://commons.wikimedia.org/wiki/File:Omphalotus_olearius_in_NE_IL.JPG

[62] *Holger Krisp, CC BY 3.0* <https://creativecommons.org/licenses/by/3.0>, *vía Wikimedia Commons.* https://commons.wikimedia.org/wiki/File:(Gemeine_S t einpilz)_Boletus_edulis.jpg

[63] *Esta imagen fue creada por el usuario Ron Pastorino (Ronpast) en Mushroom Observer, una fuente de imágenes micológicas. CC BY-SA 3.0* <https://creativecommons.org/licenses/by-sa/3.0>, *vía Wikimedia Commons* https://commons.wikimedia.org/wiki/File:2012-11-21_Boletus_eastwoodiae_(Murrill)_Sacc._%26_Trotter_285505.jpg

[64] *Tomomarusan, CC BY-SA 3.0* <http://creativecommons.org/licenses/by-sa/3.0/>, *vía Wikimedia Commons.* https://commons.wikimedia.org/wiki/File:Matsutake.jpg

[65] https://commons.wikimedia.org/wiki/File:Amanita_phalloides_2011_G2.jpg

[66] *Jerzy Opioła, CC BY-SA 3.0* <https://creativecommons.org/licenses/by-sa/3.0>, *vía Wikimedia Commons* https://commons.wikimedia.org/wiki/File:Artomyces_pyxidatus_G3.jpg

[67] *Esta imagen ha sido creada por el usuario Robert (the 3 foragers) (the 3foragers) en Mushroom Observer, una fuente de imágenes micológicas. vía Wikimedia Commons.* https://commons.wikimedia.org/wiki/File:Sebacina_schweinitzii_(Peck)_Oberw_906735.jpg

[68] *Daderot, CC0, vía Wikimedia Commons.* https://commons.wikimedia.org/wiki/File:Lobster_mushrooms_-_San_Francisco,_CA.jpg

[69] *Alexis, CC BY 4.0* <https://creativecommons.org/licenses/by/4.0>, *vía Wikimedia Commons* https://commons.wikimedia.org/wiki/File:Sparassis_crispa_103223639.jpg

[70] *David R.York, CC BY-SA 4.0* <https://creativecommons.org/licenses/by-sa/4.0>, *vía Wikimedia Commons.* https://commons.wikimedia.org/wiki/File:Shaggy_Mane_mushrooms.jpg

[71] https://commons.wikimedia.org/wiki/File:Destroying_Angel_02.jpg

[72] *Agnes Monkelbaan, CC BY-SA 4.0* <https://creativecommons.org/licenses/by-sa/4.0>, *vía Wikimedia Commons.* https://commons.wikimedia.org/wiki/File:Locatie,_Hortus_(Haren,_Groningen)._Lactiporus_sulphureus.jpg

[73] *Matej Frančeškin, CC BY 4.0* <https://creativecommons.org/licenses/by/4.0>, *vía Wikimedia Commons.* https://commons.wikimedia.org/wiki/File:GalrinaMarginata.jpg

[74] https://www.pexels.com/photo/vegetable-salad-3026808/

[75] https://www.pexels.com/photo/pancakes-on-plate-17500013/

[76] https://www.pexels.com/photo/white-ceramic-bowl-with-mushroom-soup-4103375/

[77] https://www.pexels.com/photo/jar-of-chia-seed-pudding-with-almond-flakes-and-blueberries-4397288/

[78] https://www.pexels.com/photo/a-woman-holding-basket-full-of-lavender-flowers-5126994/

[79] https://www.pexels.com/photo/white-cluster-flowers-in-bloom-1408213/

[80] https://www.pexels.com/photo/yellow-arnica-flower-19116842/

[81] https://www.pexels.com/photo/close-up-photo-of-dried-sage-6103379/

[82] https://www.pexels.com/photo/close-up-photo-of-flowering-valerian-plants-17247500/

[83] https://www.pexels.com/photo/tender-echinacea-purpurea-with-white-petals-in-garden-5242298/

[84] https://www.pexels.com/photo/shallow-focus-photography-of-yellow-and-white-flowers-during-daytime-159110/

[85] https://www.pexels.com/photo/close-up-of-a-flowering-oregon-grape-16581419/

[86] https://www.pexels.com/photo/green-mint-photo-214165/

[87] *MPF, CC BY-SA 3.0* <https://creativecommons.org/licenses/by-sa/3.0>, *vía Wikimedia Commons.* https://commons.wikimedia.org/wiki/File:Equisetum_arvense_foliage.jpg

[88] https://www.pexels.com/photo/unrecognizable-farmer-harvesting-red-coffee-berries-in-forest-7125531/

[89] https://www.pexels.com/photo/diverse-female-gardeners-harvesting-fruits-in-garden-6231704/

[90] https://www.pexels.com/photo/gardener-harvesting-apples-with-daughter-in-garden-5528990/

www.ingramcontent.com/pod-product-compliance
Lightning Source LLC
Chambersburg PA
CBHW071941260326
41914CB00004B/718

 _Virginia_Witch_Hazel.jpg_.

[79] https://www.pexels.com/photo/woman-sitting-on-brown-stone-near-green-leaf-trees-at-daytime-1234035/

[80] https://pixabay.com/illustrations/world-mask-pandemic-coronavirus-6682513/

[81] https://www.pexels.com/photo/ethnic-mother-and-daughter-eating-apples-during-picnic-5529025/